2021年安徽省社会科学规划年度青年项目：关
的作用机制研究——基于珠三角和京津冀上市

U0499590

关键审计事项披露
对分析师行为的影响研究

牛艺琳 ◎ 著

中国财经出版传媒集团
经济科学出版社
Economic Science Press
·北 京·

图书在版编目（CIP）数据

关键审计事项披露对分析师行为的影响研究／牛艺琳著. -- 北京 ： 经济科学出版社，2025. 1. -- ISBN 978 - 7 - 5218 - 6620 - 9

Ⅰ. F239. 65；F832. 5

中国国家版本馆 CIP 数据核字第 2025QL0925 号

责任编辑：王红英
责任校对：郑淑艳
责任印制：邱　天

关键审计事项披露对分析师行为的影响研究
牛艺琳　著
经济科学出版社出版、发行　新华书店经销
社址：北京市海淀区阜成路甲 28 号　邮编：100142
总编部电话：010 - 88191217　发行部电话：010 - 88191522
网址：www. esp. com. cn
电子邮箱：esp@ esp. com. cn
天猫网店：经济科学出版社旗舰店
网址：http：//jjkxcbs. tmall. com
固安华明印业有限公司印装
710 × 1000　16 开　12. 5 印张　200000 字
2025 年 1 月第 1 版　2025 年 1 月第 1 次印刷
ISBN 978 - 7 - 5218 - 6620 - 9　定价：68. 00 元
（图书出现印装问题，本社负责调换。电话：010 - 88191545）
（版权所有　侵权必究　打击盗版　举报热线：010 - 88191661
QQ：2242791300　营销中心电话：010 - 88191537
电子邮箱：dbts@ esp. com. cn）

前言

　　中华人民共和国财政部 2016 年 12 月批准印发的 12 项注册会计师审计准则，标志着我国新一轮审计报告改革正式拉开了序幕，其中，新增的《在审计报告中沟通关键审计事项》准则是改革内容中最重要和最明显的变化。准则制定者的主要初衷是与国际审计准则以及其他发达国家审计准则改革尽快趋同，增加审计报告的信息含量，通过使注册会计师披露更多公司个性化信息和审计过程信息，试图同时解决标准化审计报告信息含量不足和财务报告信息过载带给使用者的困扰。标准审计报告模式的信息供给与分析师和投资者的信息需求之间存在着较大的信息差距。造成这种差距的原因在于，标准审计报告模式统一的格式和标准化的语言，限制了较多决策有用信息的披露与沟通，而分析师和投资者想要获得更多与其经济决策相关的信息。在审计报告中增加关键审计事项与审计过程信息，旨在沟通注册会计师对被审计单位本期重大错报风险较高领域特别风险事项、重大审计判断事项和重大交易或事项的判断和处理，提高信息含量，向分析师和投资者提供更多决策有用的信息，降低信息差距。关键审计事项准则实施不但影响企业的绩效、盈余质量等，而且对企业利益相关者的行为也会产生显著的影响，如影响审计收费、审计质量、审计人员感知的审计责任、投资者决策及银行信贷决策等。因此，对关键审计事项披露的经济后果进行分析，不仅对企业自身生存发展具有重要意义，而且还能够帮助公司利益相关者更全面地认识关键审计事项披露对资本市场资源优化配置的重要作用，也能够在保护投资者利益、完善资本市场信息披露制度以及持续有效推进审计报告改革工作方面发挥一定的积极作用。

随着我国资本市场的逐渐成熟，分析师也发挥着日益重要的作用，其信息收集、解读与传播的功能优势可以有效地降低资本市场信息不对称程度，促进资本市场资源优化配置效率。研究关键审计事项披露对分析师行为的影响，不但可以检验关键审计事项披露的经济后果，而且有助于理解关键审计事项披露对资本市场信息传播效率所具有的积极作用。基于此，本书沿着关键审计事项披露影响资本市场信息效率的方向，探究关键审计事项披露对分析师行为的影响，并利用理论推理和实证检验的结果，提出相关的政策建议。

本书主要包括了文献回顾和评述、理论基础和研究框架、关键审计事项披露对分析师行为的影响等内容。具体来说主要包括以下五章内容：

第一章是文献综述。首先，对国内外分析师跟踪、分析师预测准确性、分析师预测分歧度影响因素的相关文献进行了回顾。其次，对关键审计事项披露相关研究方面的文献进行了回顾。再次，对关键审计事项披露相关因素与分析师行为关系方面的文献进行了回顾。最后，根据现有文献进行评述，并提出本书的研究思路和研究依据，阐述本书的研究框架以及研究的重要意义。

第二章为制度背景与理论基础。制度背景主要介绍注册会计师审计报告的演化与变迁、注册会计师审计报告的国际动态（包括国际审计报告准则、英国审计报告准则和美国审计报告准则）以及我国审计报告改革的实践。理论基础研究主要有信息不对称理论、可信来源效应理论、有限关注理论、风险感知理论、制度演化与变迁理论、证券分析师的相关理论概述以及对上述理论的评述。

第三章为关键审计事项披露对分析师跟踪影响的实证检验。首先，本章检验了关键审计事项披露对分析师跟踪的影响。其次，研究了关键审计事项披露影响分析师跟踪的治理机制。研究发现关键审计事项披露使得分析师跟踪显著增加。在进一步研究中，在进一步分析中，发现上述关系在聘请"非四大"会计师事务所、盈余透明度更低、注册地市场化程度低的公司以及国有企业中更为明显，这四个因素对关键审计事项披露与分析师跟踪的关系具有明显的调节作用。另外还发现，关键审计事项数目披露越多的公司，分析师跟踪的人数越多；关键审计事项文本可读性越高的公司，分析师跟踪的人数越多；关键审计事项平均文本篇幅越大，分析师跟踪的人数越少。而且由于分析师对注册会计师确认的股权投资事项和公允价值事项的风险感知，在一定程度上减少了对公司的跟踪。但是即使如此，这些结果也最终表明关键审计事项披露对资本市场信息差距的弥补作用要大于其风险提示作用，即关键审计事项披露对分析师跟踪的影响过程中，对信息差距的弥补效应与风险提示效应并存。

第四章为关键审计事项披露对分析师预测准确性影响的实证检验。首先，本章检验了关键审计事项披露对分析师预测准确性的影响。其次，研究了关键审计事项披露影响分析师预测准确性的治理机制。研究发现关键审计事项披露使分析师预测准确性显著提升。在进一步分析中，发现上述关系在盈余管理程度高、盈余透明度低的公司更加明显。另外还发现，关键审计事项文本可读性越高的公司，分析师的预测准确性越高；关键审计事项段中披露越多收入确认事项和资产减值事项的公司，分析师的预测准确性越高；具体地，资产减值事项中披露越多应收账款减值事项的公司，分析师的预测准确性越高。

第五章为关键审计事项披露对分析师预测分歧度影响的实证检验。首先本章主要分析和检验了关键审计事项披露对分析师预测分歧度的影响。其次研究了关键审计事项披露影响分析师预测分歧度的治理机制。研究发现关键审计事项披露使分析师预测分歧度显著降低。在进一步分析中，发现上述关系在盈余透明度低、盈余管理程度高、注册地市场化程度低的公司及国有企业中更加明显。另外还发现，披露关键审计事项数目越多，分析师的预测分歧度越低；关键审计事项文本篇幅越大，分析师的预测分歧度越低；关键审计事项文本可读性越高，分析师的预测分歧度越低；关键审计事项中披露资产减值事项越多，分析师的预测分歧度越低；具体地，资产减值事项中披露越多商誉减值事项的公司，分析师预测分歧度越低。

本书在已有研究成果的基础上，研究了关键审计事项披露对分析师跟踪、分析师预测准确性和分析师预测分歧度的影响。可能的创新和贡献主要有：从理论的角度，本书的研究密切关注审计报告改革效果、丰富了关键审计事项披露的经济后果和分析师行为影响因素的相关研究、完善了关键审计事项披露对利益相关者行为影响的研究框架。从实务的角度，本书的研究对注册会计师、分析师、上市公司、证券监管部门、投资者都具有实践性参考价值：（1）有助于注册会计师理解和把握关键审计事项的诸多特征，使之在随后的审计期间能够与公司治理层更有效、更有针对性地沟通关键审计事项，以及使其撰写的关键审计事项段落更具相关性和可读性。（2）有助于分析师深入理解和把握关键审计事项的诸多特征。更有效地发挥市场中介作用，引导投资者选择合理投资对象，提高资本市场资源配置效率。（3）有助于上市公司制定关键审计事项相关的信息披露政策及公司治理层与审计师有效的双向沟通机制。理解资本市场关键审计事项信息传递机制及关键审计事项披露对分析师行为的影响。建议上市公司合理提高关键审计事项信息披露数量、质量及其异质性，减轻企业信息不对称程度，提高投资者的投资信心。（4）有助于证券监管部门根据我国资本市场关键审计事项信息传递机制和市场中介的反应，进一步规范公司关键审计事项信息披露政策，并加强监管力度，重点监督公司关键审计事项披露的异质性、真实性、相关性和可理解性。（5）有助于投资者理解关键审计事项披露对资本市场信息效率的提升作用，依此更理性地作出经济决策。由于研究能力欠缺以及篇幅限制，本书还存在一定的局限，主要是关键审计事项准则实施时间不长、未涉及审计应对段以及对关键审计事项特征的深度和广度的挖掘和刻画不够。对于以上研究缺陷笔者将继续进行深入的研究。

目录

绪　论

第一节　研究背景

美国经济学家尤金·法玛（Eugene F. Fama）提出的"有效市场假说"，为资本市场的发展完善和政府监管提供了重要的参考框架和理论依据，已成为金融经济领域重要的基础理论。该假说认为有效市场的标志是资本市场全部相关信息能够以及时、充分、准确的方式被股票价格吸收并反映，以至于通过获取的信息投资者不能够取得超额收益。根据资本市场上信息获取的难易程度，上市公司管理层才掌握的内部信息是最不容易获取的；市场公开披露的信息是较为容易获取的信息；反映历史市场交易情况的信息比如历史财务信息，是资本市场上最容易获取的信息。进而将市场按照市场有效性分成三种形式，即弱式、半强式和强式。由于现实世界中难以满足"有效市场假说"成立隐含着的前提条件，这些前提条件包括：一方面，投资者是追求个人利益最大化的理性"经济人"，股票价格波动完全基于他们的理性预期；并且投资者的信息收集、信息加工和信息解读水平差异微小。另一方面，信息是对称、充分和均匀的，信息成本为零。而现实中，资本市场一般是半强势有效或弱势有效的，信息效率存在高低之分，这就表明信息供需双方的信息是不对称的，进而会影响到资本市场中信息传播效率和资源优化配置效率。而且由于资本市场中的投资者在个人认知能力、精力、时间等方面也具有一定的限制和差异，也会影响到资本市场信息的有效传递，这就造成了股票价格并不能够及时充分地吸收和反映出所有的信息。资本市场效率体系运行的基石是信息效率，哈耶克（Hayek）认为资本配置效率取决于决策，而决策是基于信息效率，即决策质量的优劣取决于所获取信息的及时性、完整性和准确性①。公司越及时、充分和准确披露信息，分析师等信息中介对信息收集加工的能力越强，信息成本就越低，股票价格越能吸收和反映市场相关信息，使资本市场越趋于有效。

根据信息不对称的观点，资本市场上投资者处于信息劣势一方，而公司管理层处于信息优势一方，分析师作为资本市场的专业信息发掘者和信息解读者，其信息中介作用主要体现在利用自己对公开信息的分析能力优势以及信息渠道优势发掘和分析信息，缓解资本市场中各种信息不对称的现象②③。财务报告发布的滞后性造成了不同时间段分析师的作用产生了差异：搜集各类信息，尤其是搜集较难获取的企业私有信息是分析师在公司财务报告公布之前的主要目的和作用；而解读和分析公司的财务报告是分析师在公司财务报告公布之后的主要目的和作用④⑤⑥⑦⑧。通过收集、分析市场、行业和公司层面的信息，有专业特长的分析师对资本市场的新信息可以作出比普通投资者更为及时和准确的反应，形成研究报告，发出盈余预测等专业结论，提出投资建议，

① Hayek, F. A. The Use of Knowledge in Society [J]. The American Economic Review, 1945, 35 (4): 519-530.

② Chen, S., Sun S. Y. J., Wu D. Client Importance, Institutional Improvements, and Audit Quality in China: An Office and Individual Auditor Level Analysis [J]. The Accounting Review, 2010, 85 (1): 127-158.

③ Keskek, S., Tse, S., Tucker, J. W. Analyst Information Production and the Timing of Annual Earnings Forecasts [J]. Review of Accounting Studies, 2014, 19 (4): 1504-1531.

④ Brennan, M. J., Subrahmanyam, A. Investment Analysis and Price Formation in Securities Markets [J]. Journal of Financial Economics, 1995, 38: 361-381.

⑤ Frankel, R., Li, X. Characteristics of A Firm's Information Environment and the Information Asymmetry between Insiders and Outsiders [J]. Journal of Accounting Economics, 2004, 37 (2): 229-259.

⑥ Ivkovic, Z. and Jegadeesh, N. The timing and the value of forecast and recommendation revisions [J]. Journal of Financial Economics, 2004, 73 (3): 433-463.

⑦ Lang M. H., Lundholm R. J. Corporate Disclosure Policy and Analyst Behavior [J]. Accounting Review, 1996, 71 (4): 467-492.

⑧ Livnat, J. and Zhang, Y. Information interpretation or information discovery: which role of analysts do investors value more? [J]. Review of Accounting Studies, 2012, 17 (1): 612-641.

将公司部分私有信息转变成公共信息，增加企业的信息供应量，这些增量信息对投资者作出正确的经济决策具有重要的参考价值。因此，分析师发布的信息具有增量贡献，这有利于改善企业的信息环境和信息质量，降低公司与投资者之间的信息不对称程度，优化资本市场资源配置效率，客观上实现多重目标①②③④。

有关分析师的市场价值以及投资者对分析师的关注重点，国内外学者进行了较为深入细致的研究。国外文献中，奥·布瑞恩和布珊（O'Brien and Bhushan）、斯蒂克尔（Stickel）发现分析师的研究报告会被机构投资者在作出经济决策时参考，机构投资者一般不会看好没有分析师跟踪的公司股票，如果能够利用证券分析师专业投资建议的话，投资者可以获得超额股票回报。国内文献中，吴东辉等（2005）、王征等（2006）发现分析师提供的盈利预测信息和投资建议有投资价值的证据：如果把投资者对公司盈利的预期替换为分析师预测，便能够观测到市场对未预期盈余（即实际会计盈余和预期会计盈余的差额）的反应⑤⑥⑦⑧⑨。薛祖云等（2011）发现分析师更倾向于在盈余公告前披露

①　Baker, H. K. and Haslem, J. A. Information Needs of Individual Investors [J]. Journal of Accountancy, 1973 (11)：64 – 69.

②　Elgers, P. T., Lo, M. H., Pfeiffer, R. J. Analysts' vs Investors' Weightings of Accruals in Forecasting Annual Earnings [J]. Journal of Accounting and Public Policy, 2003, 22：255 – 280.

③　Ramnath, S., Rock, S., Shane, P. The Financial Analyst Forecasting Literature：A Taxonomy with A Suggestions for Further Research [J]. International Journal of Forecasting, 2008, 24：34 – 75.

④　Schultz, P. and Zaman, M. Do individuals closest to internet firms believe they are overvalued? [J]. Journal of Financial Economics, 2001 (59)：347 – 381.

⑤　王征，张峥，刘力. 分析师的建议是否有投资价值——来自中国市场的经验数据 [J]. 财经问题研究，2006 (7)：36 – 44.

⑥　吴东辉，薛祖云. 财务分析师盈利预测的投资价值——来自深沪 A 股市场的证据 [J]. 会计研究，2005, 8：37 – 43.

⑦　Bhushan, R. Firm Characteristics and Analysts Following [J]. Journal of Account-ing and Economics, 1989, 11 (2)：255 – 274.

⑧　O'Brien P C, Bhushan R. Analyst following and institutional ownership [J]. Jour-nal of Accounting Research, 1990 (28)：55.

⑨　Stickel S. E. Common Stock Ruturns Surrounding Earnings Forecast Revisions：More Puzzling Evidence [J]. Accounting Review, 1991, 66 (2)：402 – 416.

年度财务报告中未披露或尚未披露的信息，而在盈余公告后会把更多精力用在解读年度财务报告中的信息并对其进行补充上，这与亚维科维奇和杰加迪西（Ivkovic and Jegadeesh）和利夫纳特和张（Livnat and Zhang）的结论一致，即在我国资本市场中的分析师实际上具有双重角色：信息竞争者和信息补充者①。分析师发布的预测信息和分析师预测行为本身的特征是投资者主要关注的对象，关注预测信息的主要目的是看分析师预测信息是否具有投资价值（郭杰等，2009），关注分析师预测行为的主要目的是看该行为本身是否会释放出新的或者其他增量信息，以对投资者自身的投资决策产生影响②③④⑤。我国分析师的市场表现随着资本市场的逐步成熟也慢慢活跃起来，他们向资本市场提供的公司预测信息也是基本呈上升态势，同时在发布这些预测信息的过程中必然会透露出他们的一些行为特征：由于分析师对公司的跟踪是一种选择性行为，也导致不同公司之间的分析师跟踪数量差异较大（分析师跟踪）；每个分析师预测的信息与公司实际经营结果存在不同程度的差异（分析师预测准确性）；不同分析师之间在对同一家公司发布预测信息时可能会存在意见不一致的现象（分析师预测分歧度）。

从投资者关系管理的角度来看，公司对投资者关系的管理不是一个简单的单向信息传递过程，而是需要建立一个长效、务实、相互信任和相互尊重的双向信息传递和沟通机制。公司管理层一方面向投资者传递与投资决策有关的信息，另一方面也从投资者处收集与公司经营决策有关的信息，努力培育公司与投资者之间良好的互动、互惠和

---

① Livnat, J. and Zhang, Y. Information interpretation or information discovery: which role of analysts do investors value more? [J]. Review of Accounting Studies, 2012, 17 (1): 612 – 641.

② 郭杰, 洪洁瑛. 中国证券分析师的盈余预测行为有效性研究 [J]. 经济研究, 2009, 11: 55 – 67.

③ 薛祖云, 王冲. 信息竞争抑或信息补充: 证券分析师的角色扮演——基于我国证券市场的实证分析 [J]. 金融研究, 2011 (11): 167 – 182.

④ Gleason C. A., Lee M. C. Analyst Forecast Revisions and Market Price Discovery [J]. The Accounting Review, 2003, 78: 193 – 225.

⑤ Ivkovic, Z. and Jegadeesh, N. The timing and the value of forecast and recommendation revisions [J]. Journal of Financial Economics, 2004, 73 (3): 433 – 463.

互利关系。实际上分析师是公司管理投资者关系的工作重点对象之一，分析师会把投资者对公司的评价反馈给公司管理层，也向投资者发布对公司前景的意见和看法，在促进公司与投资者关系以及使投资者重拾投资信心上发挥着举足轻重的作用。除此之外，分析师与公司之间的互动关系也是如此，无论是分析师的研究报告对投资者认知广度和深度的改善，还是分析师的预测信息和预测行为对公司表现出的"治理"作用，公司同样需要吸引分析师的跟踪来向外界传递积极信号①②。如果公司的分析师跟踪人数较少甚至为零时，与投资者双向沟通的桥梁就中断了，也伤害到投资者关系的维持和管理。国外学者已经研究发现"被忽视的"股票，即分析师至少有一年没有跟踪该股票，如果未来第一次被分析师跟踪的话，那么该股票会表现出较高的异常收益率（实际收益率与市场预期收益率之间的差值）③。并且如果公司发现自己缺少分析师跟踪或者没有分析师跟踪，股票的机构投资者持股比例、买卖价差和交易量上会存在恶化，同时退市的可能性也会上升，虽然与同行股票相比并没有明显的业绩下降表现，这一结论与投资者认知假说是一致的④。在这种情况下，他们通常会通过以下两种形式来吸引投资者对股票的关注：一是雇佣投资者关系专家；二是主动购买研究报告，并且公司的股票的换手率、机构持股比例以及分析师跟踪与公司上述两种行为存在显著的正相关性⑤⑥。上述文献均表明分

①　Chung, H. K. and Jo, H. The Impact of Security Analysis'Monitoring and Marketing Functions on the Market Value of Firms [J]. The Journal of Financial and Quantitative Analysis, 1996, 31 (4): 493.

②　Soltes E, Private Interaction Between Firm Management and Sell – Side Analysts [J]. Journal of Accounting Research, 2014, 52 (1): 245 – 272.

③　Demiroglu C, Ryngaert M. The First Analyst Coverage of Neglected Stocks [J]. Financial management, 2010, 39 (2): 555 – 584.

④　Mola S, Rau P R. Khorana A, Is there Life after the Complete Loss of Analyst Coverage? [J]. The Accounting Review, 2013, 88 (2): 667 – 705.

⑤　Bushee, B. J. Miller. G. S. Investor Relations, Firm Visibility and Investor Following [J]. The Accounting Review, 2012, 87 (3): 867 – 897.

⑥　Miller, E. M. Risk, Uncertainty, and Divergence of Opinion [J]. The Journal of Fina-nce, 1977, 32 (4): 1151 – 1168.

析师对投资者和公司而言均有着重要意义。

从分析师的信息来源来看，主要包括公共信息和私有信息。一方面，公共信息与私有信息相比，尤其是上市公司发布的信息，因较低甚至为零的获取成本，成为分析师盈余预测时的重要信息来源；另一方面，私有信息虽然搜集成本相对公共信息来说较高，但参考价值也较高①②。这些信息来源具体包括：公司财务报告和临时公告等、公司召开的新闻发布会等媒体信息、对公司的各种调研和会谈等，这些信息均能有助于分析师形成并改进其预测信息及预测行为③④⑤⑥⑦⑧⑨⑩。

2016年12月23日，我国财政部批准印发《在审计报告中沟通关键审计事项》等12项注册会计师审计准则，标志着我国新一轮审计报告改革正式拉开了序幕。根据要求，我国"A＋H"股和纯H股上市公司于2017年1月1日起适用新审计报告准则，其他上市实体于2018年1月1日起实施，即在我国资本市场全面实施。我国资本市场迎来了审计报告的新时代，社会各界也将密切关注审计报告改革的效果。

此次审计报告模式变革的主要原因在于，虽然在中国证券市场较为短暂的发展历史和特殊的市场经济制度背景下，我国分析师却持续

① 胡奕明，林文雄，王玮璐. 证券分析师的信息来源，关注域与分析工具 [J]. 金融研究，2003 (12)：52 – 63.

② Schipper K. Commentary on Analysts' Forecasts [J]. Accounting Horizons, 1991 (5)：105 – 121.

③ 谭松涛，甘顺利，阚铄. 媒体报道能够降低分析师预测偏差吗？[J]. 金融研究，2015，5：192 – 206.

④ 徐潮进. 基于产业政策的分析师盈余预测研究 [D]. 南京：南京大学，2012.

⑤ Benjamin, J. and K. Stanga. Differences in disclosure needs of major users of financial statements [J]. Accounting and Business Research, 1977 (8)：187 – 192.

⑥ Bouwman, M., Frishkoff, P. and Frishkoff, P. The relevance of GAAP – based information：a case study exploring some uses andlimitations [J]. Accounting Hori-zons, 1995, 9 (4)：22 – 47.

⑦ Bowen, R. M., Davis, A. K. Matsumoto, D. A. Do Conference Calls Affect Analysts' Forecasts? [J]. The Accounting Review, 2002, 77 (2)：285 – 316.

⑧ Buzby, Stephen L. Selected Items of Information and Their Disclosure in Annual Reports [J]. The Accounting Review, 1974, 49：423 – 435.

⑨ Chandra, G. A Study of the Consensus on Disclosure Among Public Accountants and Security Analysts [J]. The Accounting Review, 1974, 49：733 – 742.

⑩ Previts, G., R. Bricker, T. Robinson. S. Young. A content analysis of sell-side financial analyst company reports [J]. Accounting Horizons, 1994 (8)：55 – 70.

发挥着重要作用，但在其执业过程中也会陷入某些困境，比如，股权结构复杂和治理结构不完善的上市公司往往公共信息披露不尽如人意，并且分析师从公司管理层那里获取公司私有信息（特质信息）的难度也较大，这些情况将削弱他们提高市场信息效率的功能，影响分析师作为有效信息中介作用的发挥；并且标准审计报告模式的信息供给与分析师和投资者的信息需求之间依然存在着较大的信息差距。于李胜等（2008）指出资本市场呈现出两个极端，困扰着资本市场的投资者：因信息匮乏引起的恐慌与因信息过载导致的过滤难题。标准审计报告模式统一的格式和标准化的语言，限制了较多决策有用信息的披露与沟通，而分析师和投资者意欲获得更多与其经济决策相关的信息①②③。在审计报告中增加关键审计事项与审计过程信息，旨在沟通注册会计师对被审计单位本期重大错报风险较高领域特别风险事项、重大审计判断事项和重大交易或事项的判断和处理，提高信息含量，向分析师和投资者提供更多决策有用的信息，降低信息差距，试图同时解决标准化审计报告的信息匮乏和财务报告的信息过载带给使用者的困扰。然而，这一关键举措是否能够提升审计报告信息含量与决策价值，实现改革初衷，结论已初步显现。现有文献从不同视角探讨新审计报告的信息含量与决策价值，但从分析师行为角度进行的相关研究依然相对缺乏，跟进和研究关键审计事项披露状况和特征对分析师行为的影响、检验改革实施效果，是回应改革初衷的有力证据。

在新审计报告中增加"关键审计事项段"是此次审计报告改革的核心内容，注册会计师需要根据职业判断披露本期财务报告审计过程中最为重要的事项，并描述将其确定为关键审计事项的原因以及审计

---

① 唐建华.国际审计与鉴证准则理事会审计报告改革评析［J］.审计研究，2015（1）：60－66.

② 于李胜，王艳艳，陈泽云.信息中介是否具有经济附加价值？——理论与经验证据［J］.管理世界，2008，7：134－144.

③ International Auditing and Assurance Standards Board（IAASB）. Communications Key Audit Matters in the Independent Auditor's Report. International Standard on Auditing（ISA）701. New York，NY：International Federation of Accountants，2015.

应对措施。可是注册会计师如何在审计报告中披露关键审计事项及其披露的原因和审计应对措施，准则及配套指南仅作出了原则性规定，具体操作层面仍有较大灵活性，不同公司之间、不同行业之间披露关键审计事项的数目、事项类型、文本本身的复杂程度都存在着较大的差异。想要了解关键审计事项不同阶段的披露情况，发现此次审计报告改革过程中存在的瑕疵，进而修正和完善改革过程，一个非常重要途径是通过总结和分析关键审计事项披露状况和特征以及相关经济后果。

根据现有的文献研究结论，关键审计事项披露不但影响企业的绩效、盈余质量等，而且对企业利益相关者的行为也会产生显著的影响，如影响审计收费、审计质量、审计人员感知的审计责任、投资者决策及银行信贷决策等。因此，对关键审计事项披露的经济后果进行分析，不仅对企业自身生存发展具有重要意义，而且还能够帮助公司利益相关者更全面地认识关键审计事项披露对优化资本市场资源配置的重要作用，也能够在保护投资者利益、完善资本市场信息披露制度以及持续有效推进审计报告改革工作方面发挥一定的积极作用。因此，本章需要揭示的是在审计报告制度变迁的大背景下，作为资本市场与投资者之间另一个重要的信息纽带和中介，注册会计师是否能够通过深入开展审计工作，把公司最重要的私有信息和会计师事务所的私有信息转化为公共信息，向资本市场提供非标准化的审计报告，进一步建立和完善资本市场的信息披露制度，提高公司信息透明度，从而降低和缓解分析师获取公司异质信息的成本和压力，促进分析师更好地发挥其信息中介作用，也将具有十分重要的意义。本书以期结合我国审计报告改革的实施情况、从分析师的视角检验增加披露关键审计事项是否能够提供有价值的增量信息，回答监管部门关心的改革实施效果问题，提出相关政策建议。

第二节　研究意义

本书基于我国关键审计事项披露的制度背景，并结合经济学、心理学和管理学的相关理论，实证检验了关键审计事项披露对分析师跟踪、分析师预测准确性及分析师预测分歧度的影响，具有重要的理论价值和现实意义。

一、丰富了审计报告研究的现有文献

现有关于审计报告信息含量的研究，多集中于探讨审计意见类型对使用者作出决策的影响，本章构建了关键审计事项披露对分析师行为影响的理论基础，并运用信息不对称理论、可信来源效应理论、有限关注理论、风险感知理论、制度演化与变迁理论、证券分析师的相关理论概述，分析关键审计事项披露对分析师行为影响的作用机制，发现关键审计事项披露以后，分析师跟踪人数显著增加、分析师预测准确性显著提高、分析师预测分歧度显著降低，并且上述关系受到会计师事务所类型、盈余透明度、盈余管理、公司注册地市场化程度以及企业性质等几个因素的调节，为关键审计事项披露部分经济后果的相关研究提供了理论支撑，能够为本轮改革的经济后果提供有力的经验与证据，丰富了审计报告研究的现有文献。

二、拓宽了关键审计事项领域的研究视角

审计报告改革以来，关键审计事项披露的经济后果成为众多学者讨论的热点话题，但是已有研究成果在研究方法上较多采用实验研究，实证研究相对缺乏。在数据选择上，已有研究成果多是基于美国和英国等国家的审计报告改革实践得出的，中国审计报告改革效果如何，

尚不清楚。在研究视角上，现有文献主要集中于探讨关键审计事项披露对企业的绩效、盈余质量等的影响，以及对企业利益相关者的行为也会产生显著的影响，如影响审计收费、审计质量、审计人员感知的审计责任、投资者决策及银行信贷决策等，极少数学者考察关键审计事项披露对分析师行为的影响。本书利用中国上市公司数据，实证检验了关键审计事项披露对分析师跟踪、分析师预测准确性和分析师预测分歧度的影响，拓宽了现有研究视角。以审计报告改革对分析师行为的影响为切入点，探讨我国审计报告改革的实施效果，上述结论的得出有助于资本市场监管部门更好地了解分析师行为，并为制定相关政策提供有益的参考。

三、丰富了分析师行为的影响因素方面的研究成果

本书研究发现，关键审计事项披露以后，分析师跟踪人数显著增加、分析师预测准确性显著提高、分析师预测分歧度显著降低，并且关键审计事项的披露数目多少、篇幅大小、文本可读性高低以及关键审计事项类型等具体披露不同，分析师跟踪人数、分析师预测准确性与分析师预测分歧度存在显著差异，这说明关键审计事项披露能够显著影响上市公司的信息披露机制，有助于资本市场深入解读关键审计事项的增量信息，进而影响分析师行为，从制度变迁与准则实施层面，为探讨分析师行为的影响因素提供了证据，丰富了相关领域的研究成果。

第三节　研究内容、思路与方法

一、研究内容

本书以此次审计报告改革为背景，实证检验关键审计事项信息

披露对分析师行为的影响，探讨改进的审计报告是否提高了信息含量、提升信息沟通价值，考察审计报告改革的初步实施效果。本书试图解决的核心问题是，关键审计事项披露以及信息披露特征及类型是否影响、如何影响分析师行为，以期从分析师跟踪、分析师预测准确性和分析师预测分歧度三个方面考察审计报告改革对分析师行为的影响。

第一章，文献综述。第一节为文献回顾：首先，对国内外分析师跟踪、分析师预测准确性、分析师预测分歧度影响因素的相关文献进行了回顾。其次，对关键审计事项披露相关研究方面的文献进行了回顾。最后，对关键审计事项披露相关因素与分析师行为关系方面的文献进行了回顾。第二节是结合已有研究进行文献述评，为本章的研究提供文献基础与方法借鉴。

第二章，制度背景与理论基础。在制度背景部分，首先回顾注册会计师审计报告的历史变迁，其次结合国际审计准则修订、英国和美国审计报告改革实践，介绍新一轮审计报告改革的国际动态，最后落脚于我国关键审计事项披露，解读关键审计事项的含义与披露要求。在理论基础部分，主要阐述信息不对称理论、可信来源效应理论、有限关注理论、风险感知理论、制度演化与变迁理论、证券分析师的相关理论概述，为开展关键审计事项披露及其影响研究提供理论支撑。

第三章，关键审计事项披露对分析师跟踪影响的实证检验。基于我国审计报告改革的制度背景，利用关键审计事项准则率先在"A + H"股公司试点这一研究契机，选取 2015～2016 年 A 股上市公司的样本数据，通过 PSM + DID 的方法探究关键审计事项披露对分析师跟踪的影响。进一步考虑会计师事务所类型、盈余透明度、公司注册地市场化程度以及企业性质四个因素对关键审计事项披露与分析师跟踪关系的调节作用；并考虑关键审计事项的披露数目、平均文本篇幅、文本可读性等文本特征对分析师跟踪的影响。

第四章，关键审计事项披露对分析师预测准确性影响的实证检验。基于我国审计报告改革的制度背景，利用关键审计事项准则率先在"A+H"股公司试点这一研究契机，选取 2015～2016 年 A 股上市公司的样本数据，通过 PSM+DID 的方法探究关键审计事项披露对分析师预测准确性的影响。进一步考虑盈余透明度和盈余管理两个因素对关键审计事项披露与分析师预测准确性关系的调节作用；并考虑关键审计事项文本可读性及具体类型对分析师预测准确性的影响。

第五章，关键审计事项披露对分析师预测分歧度影响的实证检验。基于我国审计报告改革的制度背景，利用关键审计事项准则率先在"A+H"股公司试点这一研究契机，选取 2015～2016 年 A 股上市公司的样本数据，通过 PSM+DID 的方法探究关键审计事项披露对分析师预测分歧度的影响。进一步考虑盈余透明度、盈余管理程度和注册地市场化程度三个因素对关键审计事项披露与分析师预测分歧度关系的调节作用；并考虑关键审计事项的披露数目、平均文本篇幅、文本可读性和关键审计事项类型等方面对分析师预测分歧度的影响。

最后是根据已有研究结论，提出政策建议。

二、研 究 思 路

本书基于审计报告改革的制度背景，结合我国关键审计事项信息披露现状况，检验关键审计事项披露以及关键审计事项披露数目、平均文本篇幅、文本可读性、关键审计事项类型等特征对分析师行为的影响，从分析师跟踪、分析师预测准确性和分析师预测分歧度三个方面考察关键审计事项披露对分析师行为的影响。具体研究路线图如图 0-1 所示。

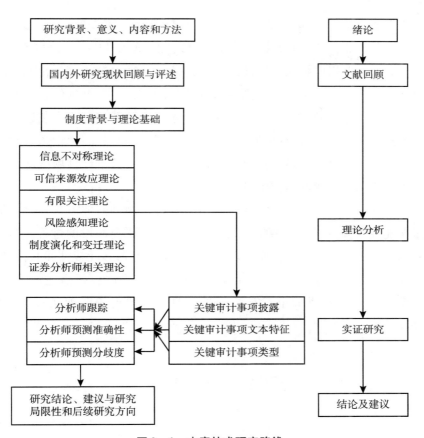

图 0 – 1　本章技术研究路线

资料来源：笔者自行绘制。

三、研究方法

本书理论分析与实证研究并重，定性分析与定量分析相结合，主要采用文献研究法、逻辑演绎法、实证研究法等研究方法。

首先，文献研究法是通过收集、整理和归纳已有文献资料，认知相关领域与话题的研究方法。本书紧扣关键审计事项披露及其影响这一研究主题，围绕国内外关于分析师行为（分析师跟踪、分析师预测准确性和分析师预测分歧度）的影响因素、关键审计事项披露相关研究方面和关键审计事项披露相关因素与分析师行为关系等几个方面，进行文献检索、梳理和归纳，为本书研究提供文献基础和思路借鉴。

其次，逻辑演绎法。所谓逻辑演绎法是从一般性的前提出发，通过推导、演绎，得出具体陈述或个别结论的过程。本书从信息不对称理论、可信来源效应理论、有限关注理论、风险感知理论、制度演化与变迁理论、证券分析师的相关理论概述等经济学、心理学和管理学的基础理论出发，通过层层推导和演绎，分析关键审计事项披露对分析师行为的影响机制与作用路径。

最后，实证研究法。实证研究法是一种常用的研究方法，旨在通过构建数学模型对经验数据进行分析，并验证研究假设的过程。本书利用中国上市公司数据，通过建立双重差分、普通多元线性回归模型，检验关键审计事项披露对分析师行为的影响。具体包括描述性统计、单变量分析，普通最小二乘法、双重差分倾向得分匹配法（DID－PSM）等。

第四节　研究创新

一、研究数据创新

本书全面考察了我国关键审计事项披露情况及其影响，关键审计事项的相关数据由笔者手工收集、整理得到，数据选择创新。随着审计报告改革的不断推进，国内外学者着手探讨关键审计事项披露及其经济后果，但大多数实证研究是基于美国和英国等国家的公司数据展开，来自中国资本市场的证据比较匮乏。本书结合我国上市公司2015～2017年的数据，手工收集整理了关键审计事项的披露数目、关键审计事项披露文本特征（包括关键审计事项篇幅、关键审计事项文本可读性、关键审计事项句均字数、关键审计事项句均词数以及关键审计事项类型和具体类型）等具体披露内容，实证检验了关键审计事项披露对分析师行为的影响，为我国乃至世界范围内的审计报告改革效果补充了来自中国市场的重要经验证据。

二、研究视角创新

本书系统检验了关键审计事项披露对分析师行为的影响，研究视角新颖。现有针对关键审计事项披露经济后果的研究，大多数从投资者决策、审计师行为、融资成本等视角展开，围绕分析师行为的研究较少。选择分析师行为（分析师跟踪人数、分析师预测准确性与分析师预测分歧度）这一重要资本市场中介的行为作为研究话题，并检验关键审计事项披露对分析师行为的影响，有助于丰富已有研究文献。

三、研究内容创新

本书深入挖掘了关键审计事项披露对分析师行为的影响机制与作用路径，研究内容创新。现有检验关键审计事项披露的经济后果文献，大多都停留于该准则实施是否影响相关行为主体决策的层面，至于该准则实施如何具体影响其行为，研究较少。本书首先实证检验了关键审计事项披露是否影响分析师跟踪人数、分析师预测准确性与分析师预测分歧度，然后考察会计师事务所类型、盈余透明度、公司注册地市场化程度以及企业性质等因素对上述关系的调节作用，并进一步结合关键审计事项的披露数目、关键审计事项披露文本特征（包括关键审计事项篇幅、关键审计事项文本可读性、关键审计事项句均字数、关键审计事项句均词数以及关键审计事项类型和具体类型）等具体披露内容，检验这些具体披露内容对分析师跟踪、分析师预测准确性与分析师预测分歧度的影响，研究内容层层推向深入，有助于更加系统和完整地揭示关键审计事项披露的经济后果。

第一章

文 献 综 述

第一节 文 献 回 顾

一方面，证券分析师作为证券市场上重要的信息中介，在促进信息流动、增加市场信息量和提高市场资本配置效率等方面发挥着重要作用。由于国内外对分析师行为的研究已比较广泛和深入，数量庞大，难以面面俱到，本章重点回顾与本书研究主题相关的文献，主要围绕分析师跟踪、分析师预测偏差和分析师预测分歧度这三个方面展开。另一方面，鉴于 2016 年审计报告的相关改革，我们对审计报告模式变迁的历史、关键审计事项披露相关研究以及关键审计事项披露相关因素与分析师行为的研究也予以回顾，致力于检验关键审计事项披露这一关键改革措施在分析师行业的影响效果，从而回应改革初衷，为后续研究提供方法指导与文献基础。

一、分析师行为的影响因素研究回顾和综述

分析师作为资本市场重要的信息中介，分析师通过收集公共信息、挖掘私有信息来获得企业相关的信息，并基于自身的经验和专业知识进行分析，其行为受到自身成本收益函数的约束。分析师的成本主要

是指分析师跟踪一家公司进行信息搜集和预测分析需要消耗的时间和精力。分析师的收益是指分析师跟踪一家公司后的利益流入，比如佣金收入，或者带来声誉的提高等。虽然学者目前从很多角度对分析师的行为进行了分析和研究，但研究的总体结果都可以从是否降低了分析师的成本、增加了分析师的收益两个角度进行总结。分析师提供的信息可以视作私有信息的替代变量，而且分析师行为也可以被视作市场信息环境数量和质量的替代变量的：分析师跟进数量已被视作信息环境数量的代理变量，学者们普遍认为分析师跟进活动能有效改善公司的信息环境，并能够衡量市场对企业的关注程度；与此相对应的是，分析师预测准确性与不同分析师预测之间的一致性（分析师预测分歧度的反面）被认为是信息环境质量的代理变量，能够衡量信息环境质量①②③④⑤。本书便从分析师跟踪、分析预测准确性和分析师预测分歧度三个方面对分析师行为影响因素相关文献进行回顾和综述。

（一）分析师跟踪行为的影响因素相关文献综述

信息获取成本越低，股价反映的信息也越多，而那些想要获取超额股票回报的投资者是愿意支付成本获取额外信息的。能获取资本市场中额外信息的前提是这个市场是半强势有效或弱势有效的，信息效率存在高低之分，故而股价不能完全吸收所有可得信息，由此我们就

----

① Brennan, M. J. , Subrahmanyam, A. Investment Analysis and Price Formation in Securities Markets [J]. Journal of Financial Economics, 1995, 38: 361 – 381.

② Chung, K. H. , Mcinish I. , Wood R. , Wyhowski D. Production of Information, Infor-mation Asymmetry, and the Bid-ask Spread: Empirical Evidence from Analysts Forecasts [J]. Journal of Banking and Finance, 1995 (19): 1025 – 1046.

③ Easley, D. , O'Hara, M. , Paperman. , J. Financial Analysts and Information-based Trade [J]. Journal of Finance Markets, 1998 (1): 175 – 201.

④ Lang M. H. , Lins, K. V. , Miller, D. P. ADRs, Analysts and Accuracy: Does Cross List-ing in the United States Improve a Firm's Information Environment and Increase Market Value? [J]. Journal of Accounting Research, 2003, 41: 317 – 345.

⑤ Minna Yu. Analyst Forecast Properties, Analyst Following and Governance Disclosures: A Global Perspective [J]. Journal of International Accounting, Auditing and Taxation, 2009, 19 (1): 1 – 15.

知道分析师行业为什么会并且能够存在了①。分析师可以通过自身专业平台和专业知识收集、分析信息和传播信息，能够降低市场的整体信息获取成本，提高市场信息效率，并且在这个过程中为自己及所在的公司盈利。这也表明在资本市场中，分析师可能潜在地被公司的某种特征所吸引，或对某一类公司更具偏好，他们跟踪公司是一种选择性行为。以下是本章对分析师跟踪的影响因素方面文献的回顾，主要包括公司信息披露方面、公司规模方面、公司治理方面以及其他方面。

第一，信息披露方面。相比于信息披露政策较少、信息环境和信息披露质量较差、对中小投资者保护不力的公司，如果公司信息披露政策较多、信息环境和信息披露质量较好、对中小投资者保护有效，就能够降低分析师在搜集信息过程中所耗费的成本，而且可能增加对分析师报告的需求，所以分析师会愿意多跟踪这类公司，同时也能提高他们盈余预测上的准确性，为分析师赢得较高的声誉②③④⑤⑥。作为上市公司的信息发布渠道，新闻发言人能够显著增加分析师跟踪的概率和频率，原因在于该机制提升信息透明度和保护利益相关者的知情权等方面的重要作用⑦。企业的社会责任报告的信息、较高的盈余平滑程度、较低的盈余操纵和财务重述、应计信息含量较高、会计信息可

---

① Grossman, Sanford and Joseph Stiglitz. On the Impossibility of Informationally Efficient Markets [J]. American Economics Review, 1980, 70 (3): 393 –408.

② 白晓宇. 上市公司信息披露政策对分析师预测的多重影响研究 [J]. 审计研究，2009 (4): 92 –112.

③ Bushman, R., Chen, Q., Ellen Engel and Smith A. Financial Accounting Information, Organizational Complexity and Corporate Governance System [J]. Journal of Accounting and Economics, 2004, 37: 167 –201.

④ Lang M. H., Lins, K. V., Miller, D. P. ADRs, Analysts and Accuracy: Does Cross Listing in the United States Improve a Firm's Information Environment and Increase Market Value? [J]. Journal of Accounting Research, 2003, 41: 317 –345.

⑤ Lang M. H., Lundholm R. J. Corporate Disclosure Policy and Analyst Behavior [J]. Accounting Review, 1996, 71 (4): 467 –492.

⑥ Lobo, G. J., Song, M., Stanford, M. Accruals Quality and Analyst Coverage [J]. Journal of Banking & Finance, 2012, 36: 497 –508.

⑦ 周泽将，杜兴强. 新闻发言人、财务分析师跟踪与信息透明度 [J]. 商业经济与管理，2012 (11): 82 –90.

比性程度较高的财务报告和利润表中的公允价值信息能够显著提升分析师的跟踪数量和预测频率[1][2][3][4][5]。史永和张龙平（2014）发现，分析师跟踪预测公司的频率和预测项目数量在上交所和深交所实施 XBRL 财务报告后显著上升，并且上述关系在机构投资者持股比例较低的公司更为明显[6]。

不同于上述观点的是魏紫（2010）和莱哈维等（Lehavy et al.）的结论[7][8]。前者发现，分析师不太愿意跟踪无形资产资本化程度高的企业，因为无形资产资本化程度的增加，意味着财务信息质量有所提高。在这种情况下，投资者对企业未来盈利状况无须费时费力就能够自己进行预测，或者达不到需要专业分析师帮助的程度，因此，导致分析师跟踪的减少。后者则是基于公司向美国 SEC 提交的 10 - K 文件的可读性（readability），发现当报告可读性较差时，投资者在理解报告时需要更多分析师的专业建议。因此，当公司 10 - K 报告的可读性越差时，跟踪公司的分析师人数也会越多。

第二，公司规模。布珊（Bhushan）发现美国公司的分析师跟踪人数与公司规模、个股收益与市场收益的相关性、机构投资者持股比例、

---

① 陈露兰，王昱升. 证券分析师跟踪与企业社会责任信息披露——基于中国资本市场的研究 [J]. 宏观经济研究，2014（5）：107 - 116.

② 范宗辉，王静静. 证券分析师跟踪：决定因素与经济后果 [J]. 上海立信会计学院学报，2010，24（1）：61 - 69.

③ 刘彦来，刘桂琼，杨玉坤. 分析师倾向于跟进社会责任表现好的公司吗？[J]. 上海金融，2014（3）：85 - 89.

④ 马晨，张俊瑞，李彬. 财务重述对分析师预测行为的影响研究 [J]. 数理统计与管理，2013（2）：221 - 231.

⑤ 曲晓辉，毕超. 会计信息与分析师的信息解释行为 [J]. 会计研究，2016（4）：19 - 26.

⑥ 史永，张龙平. XBRL 财务报告对分析师预测的影响研究 [J]. 宏观经济研究，2014（8）：121 - 132.

⑦ 魏紫. 企业无形资产资本化与证券分析师盈余预测：影响机理与制度背景 [D]. 长春：吉林大学，2010.

⑧ Lehavy, R., Li, F., Merkley, K. The Effect of Annual Report Readability on Analyst Following and the Properties of Their Earning Forecasts [J]. The Accounting Review, 2011, 86: 1087 - 1115.

股票波动性等因素密切相关①。布伦南和休斯（Brennan and Hughes）发现因为跟踪大公司能够产生溢出效应，帮助分析师判断行业内其他公司的经营情况；而且资本市场对大公司信息需求量更大，对分析师的专业建议需求量也会增加，所以分析师更愿意跟踪大公司②。马斯顿（Marston）利用英国上市公司数据得出了与上述布珊（Bhushan）的研究基本相同的结论，同时发现分析师跟踪人数还受到公司海外上市背景的显著影响。巴斯等（Barth et al.）发现当相比于同行业其他企业，公司有更多的研发支出和广告支出时，分析师跟踪人数就越多，即公司无形资产比例显著正向影响分析师跟踪人数③④。而且股票交易量、公司规模、公司成长性等显著正向影响分析师跟踪人数。与上述结论类似的是，在我国资本市场上，公司规模大、机构投资者持股比例大等诸多特征更容易吸引分析师跟踪⑤。

第三，公司治理。基于公司信息环境优化的角度考虑，分析师更倾向于关注那些经营质量较好、经营风险较低、治理结构较好和发布更多公司治理信息的公司⑥⑦⑧。全怡（2018）从 IPO 公司是否聘请有职业背景的董事会秘书的角度，研究这一因素对分析师跟踪和预测准确性的影响，发现他们之间存在着显著的正向关系，并且能够优化公

---

① Bhushan, R. Firm Characteristics and Analysts Following [J]. Journal of Account-ing and Economics, 1989, 11 (2): 255 – 274.

② Brennan, M. J., Hughes, P. J. Stock Price and the Supply of Information [J]. The Journal of Finance, 1991, 46: 1665 – 1691.

③ Barth, M. E., Kasznik, R., McNichols, M. F. Analyst Coverage and Intangible Assets [J]. Journal of Accounting Research, 2001 (39): 1 – 34.

④ Marston, C. Firm Characteristics and Analyst Following in the UK [J]. The British Account-ing Review, 1997, 29: 335 – 347.

⑤ 王宇超，肖斌卿，李心丹. 分析师跟进的决定因素——来自中国证券市场的证据 [J]. 南方经济，2012 (10): 88 – 101.

⑥ 林小驰，欧阳靖，岳衡. 谁吸引了海外证券分析师的关注 [J]. 金融研究，2007 (1): 84 – 98.

⑦ 周冬华. 证券分析师关心公司治理吗——基于中国资本市场的经验证据 [J]. 山西财经大学学报，2013 (2): 23 – 34.

⑧ Boubaker, S., Labégorre, F. Ownership Structure, Corporate Governance and Analyst Fol-lowing: A Study of French listed firms [J]. Journal of Banking & Finance, 2008 (32): 961 – 976.

司信息环境，上述关系在董秘不兼任财务岗位的公司和信息环境较差的 IPO 公司更为明显①。除此之外，上市公司如果实施股权激励政策的话，也可以吸引更多的分析师进行跟踪，并能够提高分析师的预测质量②。

第四，其他因素。分析师跟踪除了上述主要影响因素外，还存在其他一些影响因素，比如，管理层向不同的分析师释放不同的私有信息、公司多元化水平、公司长期成长能力和前期盈余波动、高管更替事件、定向增发整体上市等都会显著影响公司的分析师跟踪人数③④⑤。其中，公司多元化水平会降低分析师跟踪，原因在于随着多元化水平的上升，分析师收集和分析信息所付出的成本也随着上升，进而造成分析师跟踪人数的下降⑥。

（二）分析师预测准确性的影响因素相关文献综述

在资本市场中，分析师预测是分析师根据现在所能收集到的信息提前对企业未来收益状况所做的估计，可以通过向市场提供的预测信息，提升公司的公共信息供给，并且分析师预测行为本身所体现的特征也是具有信息含量的，也能够向资本市场透露增量信息，提高企业信息透明度，比如分析师预测准确性这一指标可以作为公司信息环境

---

① 全怡. IPO 公司董秘职业背景、分析师首次跟踪与公司市值管理 [J]. 经济管理，2018（2）：140 – 161.

② 王永妍，耿卉，王国臣. 股权激励影响分析师预测行为吗？[J]. 中央财经大学学报，2019（4）：76 – 91.

③ 蔡卫星，曾诚. 公司多元化对证券分析师关注度的影响——基于证券分析师决策行为视角的经验分析 [J]. 开南管理评论，2010（4）：125 – 133.

④ 崔玉英，李长青，郑燕，等. 公司成长、盈余波动与财务分析师跟踪——来自中国证券市场的经验证据 [J]. 管理评论，2014（4）：60 – 72.

⑤ 佟岩，刘勋. 定向增发整体上市、分析师关注与盈利预测 [J]. 经济与管理研究，2016（4）：136 – 144.

⑥ Trueman B. The Impact of Analyst Following on Stock Prices and the Implications for Firms' Disclosure Policies [J]. Journal of Accounting, Auditing & Financial, 1996, 11（3）: 333 – 354.

质量的代理变量之一①②③④。分析师预测信息会受到包括公司规模、企业未来收益的可预测性、公司信息披露状况、分析师自身存在的认知偏差、行业因素、外部制度环境中存在的利益冲突（经济激励、管理层关系、来自机构投资者、投行和证券公司的压力等）等因素的影响，不可避免地会产生偏差。一般来说，市场信息、行业信息和公司信息披露越充分、真实和相关等等，分析师对这些信息解读就越充分，预测偏差就越小，反过来就表示分析师盈余预测越准确，即分析师的盈余预测越接近于真实盈余。分析师也会出于对职业生涯发展、更高的报酬和声誉风险等因素的考虑，以及基于信息的不断获取而对公司状况认知的加深，分析师对自己所作的盈余预测进行持续不断的修正，使其尽量接近于真实盈余⑤。

第一，信息披露方面。方军雄（2007）发现信息披露越透明，分析师对会计盈余数据的倚重程度越低，预测准确性也随之提高，所以认为随机游走模型的准确性低于分析师预测随机游走模型的准确性⑥。无形资产资本化程度、公司治理透明度、公司治理中董事会规模、大股东持股比例和管理层薪酬激励越高的公司以及管理层业绩预告越清晰的公司，公共信息和私有信息的精确度也越高，因此分析师盈余预测的准确性也越高，即无形资产资本化程度、公司治理透明度、治理中董事会规模、大股东持股比例和管理层薪酬激励、管理层业绩预告与分析师盈余预测准确性呈显著正相关关系，并且当信息披露不透明

① Clement M, Tse S Y. Financial Analyst Characteristics and Herding Behavior in Forecasting [J]. The Journal of Finance, 2005, 60 (1): 307 – 341.

② Elton E. J. , Gruber M. J. , Gultekin M. Expectations and Share Prices [J]. Managem-ent Science, 1981, 27: 975 – 987.

③ Gleason C. A. , Lee M. C. Analyst Forecast Revisions and Market Price Discovery [J]. The Accounting Review, 2003, 78: 193 – 225.

④ Minna Yu. Analyst Forecast Properties, Analyst Following and Governance Disclosures: A Global Perspective [J]. Journal of International Accounting, Auditing and Taxation, 2009, 19 (1): 1 – 15.

⑤ Mikhail M. B. , Walther B. R. , Willis R. H. Does Forecast Accuracy Matter to Security Analysts? [J]. The Accounting Review, 1999, 74 (2): 185 – 200.

⑥ 方军雄. 我国上市公司信息披露透明度与证券分析师预测 [J]. 金融研究, 2007 (6): 136 – 148.

或法律强制执行力度乏力时，公司治理方面的信息披露的增多和无形资产资本化程度的提高等能够有效地优化信息环境，提升公司财务信息披露质量，进而显著提高分析师预测的准确性①②③④⑤⑥。而且在这一过程中，分析师在对公司的盈余进行预测时，也会在一定程度上解读公司的社会责任报告（非财务信息），但结果并不显著（杨明秋等，2012）。但有结论发现分析师盈余预测准确性与公司社会责任报告披露质量之间呈显著正相关关系，并且这种关系在财务透明度不高的公司中更为明显，与杨明秋等（2012）的结论出现了差异，说明了公司社会责任报告披露对财务信息透明度显著的提升作用⑦⑧⑨⑩。当然，也有学者发现分析师预测准确性与行业专长之间的显著正向关系会被高质量的信息披露有所削弱，以及由于会计准则的变革，导致分析师报告中包含更多的行业和市场信息，企业的私有信息含量降低，从而最终使得分析师盈余预测准确性下降⑪⑫。

---

① 李馨子，肖土盛. 管理层业绩预告有助于分析师盈余预测修正吗［J］. 南开管理评论，2015（2）：30－38.

② 卢清昌. 信息披露质量对分析师预测的影响［J］. 技术经济与管理研究，2014（12）：115－119.

③ Bhat, G., Hope, O. - K. and Kang, T. Does corporate governance transparency affect the accuracy of analyst forecasts? ［J］. Accounting and Finance, 2006 (46): 715－732.

④ 魏紫. 企业无形资产资本化与证券分析师盈余预测：影响机理与制度背景［D］. 长春：吉林大学，2010.

⑤ 徐鑫，朱雯君. 产品市场竞争、公司治理与分析师盈利预测质量［J］. 山西财经大学学报，2016（3）：56－67.

⑥ 张文，王昊，苑珺. 信息质量与证券分析师预测精度［J］. 江西财经大学学报，2015（2）：50－58.

⑦ 李晚金，张莉. 非财务信息披露与分析师预测——基于深市上市公司企业社会责任报告的实证研究［J］. 财经理论与实践（双月刊），2014（9）：69－74.

⑧⑨ 杨明秋，潘妙丽，崔媛媛. 分析师盈利预测是否利用了非财务信息——以上市公司披露的社会责任报告为例［J］. 中央财经大学学报，2012（9）：84－89.

⑩ 张正勇，胡言言，吉利. 社会责任报告鉴证能够降低分析师盈利预测偏差吗？［J］. 审计与经济研究，2017（5）：85－95.

⑪ 刘永泽，高嵩. 信息披露质量、分析师行业专长与预测准确性——来自我国深市A股的经验证据［J］. 会计研究，2014（12）：60－65.

⑫ 徐广成，于悦，陈智. 信息环境变化、投资者信息解读与特质信息含量［J］. 系统工程理论与实践，2016（9）：2226－2239.

第二，公司规模。从目前的研究结论来看，公司规模这一因素与分析师盈余预测准确性之间的关系并没有得出较为一致的意见。与较小的公司相比，一方面，规模大的公司通常收益波动性更大，因为他们处于一个更加复杂多变的内外部经营环境之中，而且进行多元化跨地区经营，易受到市场、行业以及多元化程度中的不利因素的影响，因此分析师预测准确性与公司规模之间呈显著负相关关系①②③；另一方面，规模大的公司由于更能够为分析师带来较大的佣金收入等收益，分析师跟踪人数会更多，因而可以获取的信息也就更多；同时，规模大的公司具有更高的经营确定性和信息确定性，原因在于其收益波动性更低、成长性更稳定、信息披露质量更高。综合上述两个方面理论逻辑推理和实证检验，分析师预测准确性与公司规模之间呈正相关关系④⑤⑥。

第三，行业因素。在关于分析师预测准确性的研究课题中，行业差异经常被作为预测准确性的众多影响因素之一，因为行业分析是分析师工作中的重要内容，它是连接上市公司与宏观经济分析的桥梁。对行业因素的考虑主要也是出于对企业收益可预测性的考量，实际上是同一个问题。分析师对行业资讯的利用是合理的，盈余预测准确性与是否采用行业资讯、产品市场势力和行业集中度显著正相关，并且

①　石桂峰，苏力勇，齐伟山.财务分析师盈余预测精确度决定因素的实证分析［J］.财经研究，2007，33（5）：62－71.

②　Duru A，Reeb D M. International Diversification and Analysts' Forecast Accuracy and Bias［J］. The Accounting Review，2002，77（2）：415－433.

③　Eames，M. J.，Glover，S. M.. Earnings Predictability and the Direction of Analysts' Earnings Forecast Errors［J］. The Accounting Review，2003，78（3）：707－724.

④　Hope O. K. Accounting Policy Disclosures and Analysts'Forecasts［J］. Contempo-rary Accounting Research，2003，20：295－321.

⑤　Lang M. H.，Lins，K. V.，Miller，D. P. ADRs，Analysts and Accuracy：Does Cross Listing in the United States Improve a Firm's Information Environment and Increase Market Value?［J］. Journal of Accounting Research，2003，41：317－345.

⑥　Lang M. H.，Lundholm R. J. Corporate Disclosure Policy and Analyst Behavior［J］. Accounting Review，1996，71（4）：467－492.

这种关系在不同的股权性质的公司中存在一定差异，原因在于相对于受外部因素影响较多的行业来说，在比较稳定的行业中，公司的盈余波动性较小，相对比较容易预测，分析师的预测准确性就能得到提高①②③。

第四，分析师认知偏差。学者们发现分析师存在着对利坏消息反应不足和对利好消息反应过度的问题，邦特和塞勒（DeBondt and Thaler）最早证明了资本市场对过去的好／坏价格的长期过度反应，第一次将过度反应引入分析师盈余预测的研究领域④。但是阿巴尔巴勒尔和伯纳德（Abarbanell and Bernard）提出了不同于邦特和塞勒（DeBondt and Thaler）的研究结论：他们认为股票价格的过度反应与分析师盈余预测无关，可能是由于投资者心理或情绪因素造成的，分析师行为最多只是作为股票价格对盈余反应不足的部分解释⑤⑥。中国资本市场上，行业分析师和卖方分析师的盈余预测存在着系统性偏差，总体上趋于乐观，主要是受到分析师羊群效应、投资者情绪或噪声交易的影响，再次提到了投资者情绪这一影响因素（蔡庆丰等，2011；伍燕然等，2012）。

第五，未来盈余的可预见性。一般来说公司的盈余稳定性和可持

①　谢珺，陈航行. 产品市场势力、行业集中度与分析师预测活动——来自中国上市公司的经验证据［J］. 经济评论，2016（5）：38 - 51.

②　Capstaff J. , K. Paudyal and W. Rees. A Comparative Analysis of Earnings Forecasts in Europe［J］. Journal of Business Finance & Accounting，2001，28（5）：531 - 562.

③　Patz, Dennis. UK Analysts' Earnings Forecasts［J］. Accounting and Business Research，1989，19（75）：267 - 275.

④　De Bondt, W. F. M. , Thaler, R. Does the stock market overreact?［J］. Journal of Finance，1985（40）：793 - 805.

⑤　Abarbanell J. S. , Bernard V. L. Tests of Analysts'Overreaction/Underreaction to Earings Information as an Explanation for Anomalous Stock Price Behavior［J］. The Journal of Finance，1992，67（3）：1181 - 1207.

⑥　Jeffrey S Abarbanell, Victor L Bernard. Test of Analysts' Overreaction/Underreaction to Earnings Information as an Explanation for Anomalous Stock Price Behavior［J］. Journal of Finance，1992，47（3）：1181 - 1207.

续性越强，则分析师通过前期的信息和本期所能收集到的信息，对盈余进行预测的准确性越高。如果公司发生客户不稳定、收益波动性大或者亏损，那么其管理层进行盈余管理的动机就会加强，分析师预测准确性也会因其预测的难度和风险加大而降低[1][2][3][4]。公司未来盈利具有更大的稳定性的基础前提是利润构成中如果更多的是营业利润，分析师的预测准确性就会越高，因为营业利润的可持续性要显著高于非经营性利润[5][6][7]。

第六，利益冲突方面。从分析师独立性和客观公正的视角来看，作为资本市场中信息挖掘者、解读者、传播者和资本市场利益链条中的重要环节，分析师出于对自身利益的追求和保护，再加上与各利益相关方发生必要的关联，会造成诸多利益冲突，可能会导致其无法保持独立性和客观公正地发布研究报告。已有文献发现，券商或者投行部等能够通过提供不同佣金等途径，向分析师施加压力，分析师可能会迫于上述压力，向他们的现有或潜在个人投资者或者客户（机构投资者）发布存在偏差的报告，以牺牲自身的独立性和客观公正的立场来帮助他们招揽和拓展股权投资、承销和经纪等业务，来帮助券商或

① 王雄元，彭旋. 稳定客户提高了分析师对企业盈余预测的准确性吗？[J]. 金融研究，2016（5）：156 – 172.

② Das, S., Levine, C. B., Sivaramakrishnan, K.. Earnings Predictability and Bias in Analysts' Earnings Forecasts [J]. The Accounting Review, 1998：277 – 294.

③ Kross, W., Ro, B., Schroeder, D.. Earnings Expectations：The Analysts' Informa-tion Advantage [J]. Accounting Review, 1990：461 – 476.

④ 王雄元，彭旋. 稳定客户提高了分析师对企业盈余预测的准确性吗？[J]. 金融研究，2016（5）：156 – 172.

⑤ 石桂峰，苏力勇，齐伟山. 财务分析师盈余预测精度决定因素的实证分析 [J]. 财经研究，2007，33（5）：62 – 71.

⑥ 郑亚丽，蔡祥. 什么影响了证券分析师盈利预测的准确度？——来自中国上市公司的经验证据 [J]. 管理学季刊，2008，3（4）：19 – 37.

⑦ Eames, M. J., Glover, S. M.. Earnings Predictability and the Direction of Analysts' Earnings Forecast Errors [J]. The Accounting Review, 2003, 78（3）：707 – 724.

投行部维持现有客户资源或者获得新的客户资源①②③④⑤⑥⑦⑧⑨。除此之外，分析师的独立董事身份、分析师与所预测公司的利益关联关系以及公司大股东股权质押等因素也会给分析师的盈余预测的独立性等带来不同程度的压力，降低其预测准确性，发布存在乐观偏差的研究报告⑩⑪⑫。如何缓解上述利益冲突呢？研究发现：在我国资本市场，公平信息披露规则等相关法律法规的实施能够比较有效地减轻分析师受到的或感受到的利益冲突带来的压力，而且这种减轻的程度在不同成长性和竞争性的公司中是不一样的⑬。

第七，其他方面。而且，影响分析师盈余预测偏差的因素还包括但不限于：公司发生并购、分析师个人特征因素、上市公司财务报告的可

① 丁方飞，王晓彦，贺芳丽. 承销业务利益对证券分析师盈利预测准确性影响研究 [J]. 财经理论与实践（双月刊），2012（3）：61 – 64.

② 谭跃，钟子英，管总平. 公平信息披露规则能缓解证券分析师的利益冲突吗 [J]. 南开管理评论，2013（4）：45 – 56.

③ 胡娜，周铭山，郭寿良，等. 股权投资背景下券商独立性研究——基于证券分析师研究报告的视角 [J]. 财经科学，2014（1）：28 – 37.

④ Agrawal, A. and M. Chen, Do Analyst Conflicts Matter? Evidence from Stock Recommendations [J]. Journal of Law and Economics, 2008, 51（2）：503 – 537.

⑤ Dechow, P., A. Hutton and R. Sloan, The Relation Between Analysts'Forecasts of Long-term Earnings Growth and Stock Price Performance Following Equity Offerings [J]. Contemporary Accounting Research, 2000, 17（1）：1 – 32.

⑥ Jackson, A., Trade Generation, Reputation and Sell-side Analysts [J]. Journal of Finance, 2005, 66（2）：673 – 717.

⑦ Lin, H., M. F. McNichols and P. C. O'Brien, Analyst Impartiality and Investment Banking Relationships [J]. Journal of Accounting Research, 2005, 43（4）：623 – 650.

⑧ Michaely, Wmoack. Conflict of Interest And The Credibility of Underwriter Analyst Recommendations [J]. The Review of Financial Studies, 1999, 12（4）：653 – 686.

⑨ Ramnath, S., Rock, S., Shane, P. The Financial Analyst Forecasting Literature：A Taxonomy with A Suggestions for Further Research [J]. International Journal of Forecasting, 2008, 24：34 – 75.

⑩ 华鸣，孙谦. 大股东股权质押与券商分析师——监督动力还是利益冲突？[J]. 投资研究，2017（11）：94 – 115.

⑪ 全怡，陈冬华，李真. 独立董事身份提高了分析师的预测质量吗？[J]. 财经研究，2014（11）：97 – 107.

⑫ 陶然. 基金公司佣金分仓与分析师预测准确性 [J]. 上海金融，2018（3）：49 – 55.

⑬ 谭跃，钟子英，管总平. 公平信息披露规则能缓解证券分析师的利益冲突吗 [J]. 南开管理评论，2013（4）：45 – 56.

读性、证券公司规模、会计稳健性、地理距离、媒体报道、强制性业绩快报制度、现金流预测、定向增发、商誉减值、卖空机制、分析师商业性动机、出口业务和海外分析师、公允价值分层计量、环境信息披露、投资者关注度、年报风险信息披露、语言多样性、战略差异度、券商跟踪海外上市公司、供应链共享审计师、业绩承诺、实地调研、沪港通机制、分析师跟踪数量、多元化经营程度、行业集中度等①②③④⑤⑥⑦⑧。

（三）分析师预测分歧度的影响因素相关文献综述

分析师预测分歧度反映的是不同分析师对同一家企业盈余预测结果的离散程度，预测分歧度越大，说明不同分析师对同一家企业所做的盈余预测越不一致。对于分析师的预测分歧产生的原因，学术界虽然经过了长期的探究，但一直存在着争议，不能达成一致结论：第一种观点认为分析师的预测分歧是分析师之间异质信念的反映，即由分析师之间的不同观点造成的，不同分析师表现得更加乐观或更加悲观，从而导致了不同的预测结果；第二种观点认为分析师的预测分歧是分析师基于企业信息不对称的考虑，对企业信息不确定的一种反映，它是作为企业的一种信息风险来度量的。即由分析师对企业未来收益估

---

① 储一昀，仓勇涛，王琳. 财务分析师能认知审计任期的信息内涵吗？［J］. 会计研究，2011（1）：90－94.

② 刘会芹，施先旺. 企业战略差异对分析师行为的影响［J］. 山西财经大学学报，2018（1）：112－123.

③ 曲晓辉，毕超. 会计信息与分析师的信息解释行为［J］. 会计研究，2016（4）：19－26.

④ 谭松涛，甘顺利，阚铄. 媒体报道能够降低分析师预测偏差吗？［J］. 金融研究，2015，5：192－206.

⑤ 佟岩，刘勋. 定向增发整体上市、分析师关注与盈利预测［J］，经济与管理研究，2016（4）：136－144.

⑥ 王菊仙，王玉涛，鲁桂华. 地理距离影响证券分析师预测行为吗？［J］. 中央财经大学学报，2016（1）：61－72.

⑦ Lehavy, R., Li, F., Merkley, K. The Effect of Annual Report Readability on Analyst Following and the Properties of Their Earning Forecasts［J］. The Accounting Review, 2011, 86：1087－1115.

⑧ 王雄元，彭旋. 稳定客户提高了分析师对企业盈余预测的准确性吗？［J］. 金融研究，2016（5）：156－172.

计的不确定造成的①②③。无论是哪一种观点，都表明分析师预测分歧是资本市场中客观而普遍存在的一种现象。接下来我们主要从分析师预测分歧度影响因素的角度展开文献回顾。

第一，财务信息披露质量。财务信息披露是影响分析师盈余预测分歧度的重要因素，并且完善的制度环境能够弱化他们之间的关系。研究表明会计政策披露、年报信息披露质量、召开新闻发布会、社会责任信息披露、公司盈余质量、无形资产资本化程度（代表财务信息披露质量）、信息披露政策透明度、公司治理信息披露、会计稳健性、风险信息披露频率均呈负相关关系，即会计政策披露和公司治理信息披露越全面、年报信息披露质量和会计稳健性越高、新闻发布会的召开和信息披露政策透明度越高，那么会使不同分析师之间的意见分歧减少，分析师的预测分歧度便会降低④⑤⑥⑦⑧⑨⑩⑪⑫⑬⑭。之所以信息披

①　Diether, K. B., Malloy, C. J., Scherbina, A. Differences of Opinion and the Cross Section of Stock Returns [J]. The Journal of Finance, 2002, 57 (5): 2113 – 2141.

②　Miller, E. M. Risk, Uncertainty, and Divergence of Opinion [J]. The Journal of Fina-nce, 1977, 32 (4): 1151 – 1168.

③　肖作平，曲佳莉. 分析师意见分歧、经验与权益资本成本 [J]. 证券市场导报，2013 (9): 18 – 26.

④　白晓宇. 上市公司信息披露政策对分析师预测的多重影响研究 [J]. 审计研究，2009 (4): 92 – 112.

⑤　蒋红芸，李岩琼，王雄元. 年报风险信息披露与分析师跟随 [J]. 财经论丛，2018 (12): 65 – 73.

⑥　李丹，贾宁. 盈余质量、制度环境与分析师预测 [J]. 中国会计评论，2009 (4): 351 – 370.

⑦　苏治，魏紫. 企业无形资产资本化与分析师盈余预测：理论分析与实证检验 [J]. 会计研究，2013 (7): 70 – 76.

⑧　Dhaliwal, D., Li, O., Tsang, A. and Yang, Y. Voluntary Nonfinancial Disclosure and the Cost of Equity Capital: The Initiation of Corporate Social Responsibility Reporting [J]. The Accounting Review, 2011, 86 (1): 59 – 100.

⑨　Francis J., Nanda, D., Olsson, P. Voluntary Disclosure, Earnings Quality, and Cost of Capital [J]. Journal of Accounting Research, 2008, 46 (1): 53 – 99.

⑩　Hope O. K. Accounting Policy Disclosures and Analysts'Forecasts [J]. Contempo-rary Accounting Research, 2003, 20: 295 – 321.

⑪　Lang M. H., Lundholm R. J. Corporate Disclosure Policy and Analyst Behavior [J]. Accounting Review, 1996, 71 (4): 467 – 492.

⑫　Mayew, W. J. Evidence of Management Discrimination among Analysts during Earnings Conference Calls [J]. Journal of Accounting Research, 2008, 46 (3): 627 – 659.

⑬　吴锡皓，胡国柳. 不确定性、会计稳健性与分析师盈余预测 [J]. 会计研究，2015 (9): 29 – 36.

⑭　张子健. 会计稳健性对证券分析师盈利预测的影响分析 [J]. 中南财经政法大学学报，2013 (3): 121 – 128.

露能够降低分析师预测分歧度的原因在于，这些因素能够使公司信息披露数量和质量的提高，丰富和提高了分析师进行盈余预测所需的素材及其质量，对私人信息的利用程度就越小，而对公开披露的信息利用程度就越高，故而他们的预测结果会更加趋于一致，进而提升资本市场整体增量信息供给的质量。需要特别说明的是，蒋红芸等（2018）的研究结论表明，风险信息披露频率与分析师预测分歧度呈负向相关性，说明我国年报风险信息异质性较弱，有助于改善一般分析师的预测行为[①]。也有学者的研究结论与上述研究结论不尽相同：拉夫兰和麦当劳（Loughran and McDonald）研究发现，公司 10 – K 文件越大（选择 10 – K 文件大小替代传统的 Fog 指数作为可读性指标），提交之后的股票波动越大，未预期盈余越高，分析师分歧越大。这说明投资者和分析师更愿意关注文件材料更少的公司，才会获得更多相关信息，预测也更加一致[②]。

第二，会计准则的影响。一般来说，由于分析师的异质信念能够影响到其盈余预测的结果，就必然会造成不同程度的意见分歧。分析师会因会计准则等相关规则的变迁而需要时间来适应，而且分析师群体对规则变化的反应也各不相同，从而导致分析师之间预测分歧度的提高。史永和张龙平（2014）发现，资本市场实施 XBRL 后，分析师预测分歧度显著降低[③]。孙刚（2014）发现，业务复杂度会显著导致分析师盈利预测的离散程度增加，但是在公平信息披露规则实施后，上述正向关系被显著削弱[④]。美国资本市场中的分析师预测离散表现与中国资本市场呈现出了较大差异：贝利等（Bailey et al.）却发现在 SEC 通过的《公

---

① 蒋红芸，李岩琼，王雄元. 年报风险信息披露与分析师跟随 [J]. 财经论丛，2018（12）：65 – 73.

② Loughran，T.，McDonald，B. Measuring Readability in Financial Disclosures [J]. Journal of Finance，2014，69（4）：1643 – 1671.

③ 史永，张龙平. XBRL 财务报告对分析师预测的影响研究 [J]. 宏观经济研究，2014（8）：121 – 132.

④ 孙刚. 并购重组复杂度、公平信息披露监管与证券分析师盈利预测质量 [J]. 上海金融，2014（5）：81 – 88.

平披露信息条例》实施之后，分析师之间的预测分歧度开始增大。这表明该条例虽然增加了公共信息的供给量，但是同时也提高了分析师的工作量，并且资本市场对分析师专业胜任能力提出了更高的要求①。

第三，股票价格和未来盈余的可预见性。股票价格方面：一般而言，一个公司有着更高市场关注度和更大风险，以及更多市场不确定性的话，那么公司股票的交易量和收益波动性也大。布伦南和休斯（Brennan and Hughes）发现，公司股票收益率波动或者交易量波动较大不可避免地造成分析师进行盈余预测时，会更多地考虑公司的不确定性，最终导致分析师盈余预测的分歧度随之增大；未来盈余的可预见性方面：如果公司亏损或者经营风险较高，其盈余的就越难以被预见，分析师所面临的预测不确定因素就越多，企业的公开信息披露就越难以满足市场需求，分析师就更有可能通过私人渠道获取需要的信息，进而导致公司信息在资本市场中的分布越加不均匀。由于不同的分析师具有不同的信息渠道，因此他们的盈余预测之间的分歧度就会越大②③。

第四，其他方面。除了以上研究内容外，国内学者还进行了其他方面的研究。一方面，研究发现分析师跟踪人数和公司新闻报道的增加会提高分析师预测分歧度，前者的原因可能在于分析师跟踪人数的增加客观上会提高其预测结果的离散程度；后者的主要原因可能是新闻报道可能含有"噪声"，与分析师"过度自信"的心理偏差关系不大，从而导致分析师预测分歧度增大④⑤。另一方面，研究发现有些因

---

① Bailey, W., Li, H., Mao, C. X. and Zhong, R. Regulation fair disclosure and earnings information: market, analyst, and corporate responses [J]. Journal of Finance, 2003, 58 (6): 2487 - 2514.

② Brennan, M. J., Hughes, P. J. Stock Price and the Supply of Information [J]. The Journal of Finance, 1991, 46: 1665 - 1691.

③ Zoltan Matolcsy, Anne Wyatt. Capitalized Intangibles and Financial Analysts [J]. Accounting & Finance, 2006, 46 (3): 457 - 479.

④ 甘露润，张淑慧. 公司治理、分析师关注与股票市场信息含量 [J]. 财经问题研究，2013 (6): 58 - 65.

⑤ 饶育蕾，梅立兴，余志红. 新闻报道是否会影响证券分析师盈利预测分歧——基于信息"噪声"的视角 [J]. 华东经济管理，2014 (11): 165 - 171.

素会导致分析师预测分歧度的下降：定向增发整体上市、购买 D&O 保险和分析师修正盈余预测行为的比例能够显著降低分析师的预测分歧度①②③。其中，对于已购买 D&O 保险的公司来说，其高管的权力如果过大会削弱分析师预测分歧度与购买 D&O 保险之间的负向关系。

二、关键审计事项披露相关研究回顾和综述

（一）审计报告模式变迁过程、动因及其影响的相关研究

1. 审计报告模式变迁的相关研究

第一份注册会计师审计报告诞生的标志是，针对英国"南海公司泡沫"事件，1721 年资深会计师查尔斯·斯内尔提交了具有审计报告意义的"查账报告"，成功完成了英国国会秘密委员会的委托（李国运，2007）④。在其后的近 300 年中，注册会计师审计报告模式大致历经了以下发展阶段：一是非标准审计报告阶段。这一阶段的审计报告几乎涵盖了被审计单位的所有信息，内容极为详尽，没有较为固定的结构和标准统一的措辞。但问题是虽然非标准化的审计报告提供个性化的被审计单位信息，但各个审计报告之间的可比性较差，渐渐无法满足日益兴起的资本市场的需要了。二是标准审计报告探索阶段。理论界和实务界认识到非标准化审计报告的局限性之后，为了降低因结构不固定、措辞多样性产生误解的可能性以及提高审计报告可比性，寻求一个大家公认的标准范式以规范审计报告的格式、结构与内容，他们开始致力于探索标准化的审计报告。三是标准审计报告确立阶段。经过了艰难和漫长的不断探索、试错和博弈，他们逐渐在审计报告中

---

① 巴曙松，王超. 分析师对业绩披露信息含量及其市场定价效率的影响 ［J］. 金融论坛，2018（10）：3-17.

② 秦帅，吴锡皓. D&O 保险与分析师盈余预测质量 ［J］. 当代财经，2018（4）：111-122.

③ 佟岩，刘勋. 定向增发整体上市、分析师关注与盈利预测 ［J］，经济与管理研究，2016（4）：136-144.

④ 李国运. 南海公司事件案例研究 ［J］. 审计研究，2007（2）：92-96.

引入各方均能接受和认可的"职业判断"及"合理保证"等统一措辞，明确审计准则为实施审计的依据，以及审计范围、注册会计师的责任和治理层与管理层的责任的边界和审计程序等内容的重要性，形成标准审计报告的雏形。四是标准审计报告发展阶段。标准审计报告模式在其确立之后，随着其结构、用语、内容和形式日益标准化和规范化，不断得到完善，具备了固定的格式和结构、简洁的内容、内容的可比和明确的意见类型等优点（PCAOB，2011；IAASB，2015）。但是，凡事都是一体两面的，先前的优势可能会变成后来的劣势。如果两份审计报告的审计意见类型相同时，我们几乎在审计报告中看不到两个公司异质性的信息，限制了公司通过审计报告向资本市场传递异质性的增量信息。至此，标准审计报告又因其固定的格式、统一的语言而受到诟病。标准化和规范化的审计报告模式严重限制了资本市场上价值信息的流动与沟通，虽然实际上最终呈现在审计报告上的内容，比注册会计师在审计过程中了解的被审计单位信息要匮乏得多（唐建华，2015）①。特别是在 2008 年金融危机之后，标准审计报告模式被诟病的问题和矛盾更加凸显，为了降低信息差距和提高审计过程透明度，全球范围内基于定制长式审计报告的强烈呼声，掀起了对标准审计报告模式进行变革的浪潮。虽然各个国家和国际组织的变革内容有细微的差别，但总体思路都是在原有标准审计报告的基础上纳入了非标准化的内容，并对结构适当做了部分调整，便于容纳公司异质性信息，从而满足信息使用者的个性化和透明化需求。当然，改革之后审计报告的可比性会随着非标准化信息的纳入而下降，进而也会增加使用者或者信息中介的比较和甄别成本。

2. 审计报告模式变迁的动因

对审计报告模式变迁的根本动因进行探究，可以从不同角度来考虑。从博弈论的角度来说，注册会计师职能和社会公众期望的不断博

---

① 唐建华. 国际审计与鉴证准则理事会审计报告改革评析 ［J］. 审计研究，2015（1）：60－66.

弈推动着审计报告的内容和格式发生变化，报告模式随之跟着变迁①。如果从缩小审计信息期望差距和投资者信心的角度来说，由于全球商业运作的复杂性不断上升，财务报表内容中判断和估计等不确定性和重大信息不断增加，审计过程也更加复杂，但标准审计报告模式信息含量不足，固定措辞传递的个性化信息十分有限，没有反映出使用者亟须的信息，如果能够在审计报告中加入这些非标准化的个性化信息（不确定性信息、重大信息和审计过程信息），将会增强投资者对财务报表和资本市场的信心。所以审计报告模式变迁的根本动因是信息使用者为了不断缩小审计信息期望差距和提振投资者信心，对注册会计师行业提出的新要求。此外，审计准则国际趋同也是部分国家进行审计报告模式变革的重要因素②。

3. 审计模式和审计准则变革的影响

审计模式和审计报告模式通常会随着新审计准则的颁布而变迁，进而影响审计市场环境与审计师行为。通过对新审计准则的实施效果进行考察，研究发现，风险导向审计准则的实施增强了注册会计师的博弈能力，提高了注册会计师的审计独立性，对公司盈余管理风险的敏感性增强。在新审计准则实施后，面对同等程度的盈余管理时，审计师能够通过出具更多非标意见的方式，或者使审计意见通过可信承诺的方式显著压缩可控应计利润，表明新审计准则能够通过提高审计师博弈能力和独立性的方式来提高资本市场的审计质量③④⑤⑥。雷诺克

---

① 李晓慧. 审计报告的沿革及其运用研究 [J]. 审计研究，2005 (3)：85 – 88.

② 唐建华. 国际审计与鉴证准则理事会审计报告改革评析 [J]. 审计研究，2015 (1)：60 – 66.

③ 李莫愁，周红，夏立军. 风险导向的审计准则是否提高了注册会计师的风险敏感性？[J]. 财经研究，2015 (9)：96 – 107.

④ 陆正飞，王春飞，伍利娜. 制度变迁、集团客户重要性与非标准审计意见 [J]. 会计研究，2012 (10)：71 – 78.

⑤ 张圣利. 新的审计准则提高了审计质量吗——新审计准则实施三年来的经验证据 [J]. 山西财经大学学报，2011 (8)：108 – 114.

⑥ DeFond M, Wong T J, Li S. The Impact of Improved Auditor Independence on Audit Market Concentration in China [J]. Journal of Accounting and Economics，1999，28 (3)：269 – 305.

斯等（Lennox et al.）在探讨最新一轮审计报告改革的影响后，发现长式审计报告的审计质量并未发生显著变化，却因为增加了审计成本导致审计收费上升①。

从审计报告模式变迁的研究可以看出，审计报告从产生之日起，内容、措辞、结构、格式等方面不断发展和变化，新一轮审计报告改革是审计报告完善和发展的重要阶段，是历史发展的产物，也是审计报告模式历史演化中的崭新篇章，审计报告相关研究必须面对的时代话题。降低资本市场信息不足和信息过载、提高审计报告信息含量是本轮审计报告改革的出发点与落脚点，也是驱动审计报告模式变革的根本动因。探讨此次改革对分析师行为的影响，是审计报告改革经济后果的相关研究中不可回避的重要主题，因为分析师是作为重要的信息挖掘者、解读者和传播者以及审计报告的使用者，他们的行为关系到资本市场的信息效率是否能够提高，即本书审计报告改革能否通过分析师行业推动资本市场信息效率进一步改观。现有文献发现审计报告模式变革与实施影响审计市场环境，但是否能够影响分析师这个重要的市场参与者还未可知。由此可见，基于我国本轮审计报告的改革背景，研究审计报告模式变革带来的经济后果，具有十分重要理论意义和现实意义，即探讨和研究审计报告改革对分析师行为的影响机理是十分必要的。

（二）关键审计事项准则实施经济后果的相关研究

1. 关键审计事项直接影响的角度

众多学者从审计报告模式变革总体作用和意义、内容扩充以及措辞表述等方面进行探讨，认为披露关键审计事项提供了更多相关性的信息。首先，标准审计报告承载的信息有限、报告内容过于狭窄的缺点，限制了高度相关性信息对使用者作出正确的经济决策的贡献（IAASB，

———————

① Lennox C, Schmidt J, Thompson A. Is the Expanded Model of Audit Reporting Informative to Investors? Evidence from the UK [J]. Working paper, 2017.

2015）。作为审计报告供给侧实施的改革，在审计报告中沟通关键审计事项，扩充非标准化的内容，披露被审计单位本期重大错报风险较高领域特别风险事项、重大审计判断事项和重大交易或事项的判断和处理等最重要的领域，通过注册会计师把更多在审计工作过程中了解的被审计单位信息以及审计工作过程信息披露给使用者，增进和加深使用者对管理层重大判断、估计和审计工作过程的理解，从而降低资本市场的信息差距（唐建华，2015）和信任差距①。其次，从措辞表述上来看，增加关键审计事项段的初衷是不再使用标准、通用的套话，是针对被审计单位具体情况而进行的异质性信息披露（唐建华，2015；王慧，2017），是为了增加审计报告的价值相关性和决策有用性。相比以往简单模糊的段落和措辞描述，关键审计事项准则要求注册会计师在撰写审计报告时，应使用更加清晰和明确的措辞来描述关键审计事项，尽力提高关键审计事项的可理解性，降低使用者在解读关键审计事项时的阻碍。实验研究结果表明：改进的审计报告模式下，投资者感知的决策相关性和有用性增强，获得关键审计事项的使用者，更容易改变决策②。但是西罗瓦等（Sirois et al.）从债权人的角度研究发现，在关键审计事项的披露中增加审计程序及其他信息，均不会影响债权人决策。

英国资本市场的证据表明：与前一年相比，新报告实施的第一年，异常交易量显著增加；同时审计师对重大错报风险披露得越详细，异常交易量越大，表明审计报告具有信息含量，且信息披露的详细程度影响其市场反应，与古铁雷斯等（Gutierrez et al.）的研究结论相反③④。科

---

① 唐建华. 国际审计与鉴证准则理事会审计报告改革评析 [J]. 审计研究，2015（1）：60 - 66.

② Christensen B，Glover S，Steven M，Wolfe C. Do Critical Audit Matter Paragraphs in the Audit Report Change Nonprofessional Investors' Decision to Invest? [J]. Auditing：A Journal of Practice and Theory，2014，33（4）：71 - 93.

③ Gutierrez，E. F.，M. Minutti - Meza，K. W. Tatum，M. Vulcheva. Consequences of Adopting an Expanded Auditor's Report in the United Kingdom. Review of Accounting Studies（Forthcoming），2018.

④ Reid，L. C.，J. V. Carcello，C. Li，T. L. Neal. Are Auditor and Audit Committee Report Changes Useful to Investors? Evidence from the United Kingdom. Work-ing Paper，2015.

勒等（Köhler et al.）实验研究发现准则实施对非专业投资者无显著影响，却会显著影响专业投资者，这一观点与克里斯坦森等（Christensen et al.）和张继勋等（2014）的结论相反①②。雷诺克斯等（Lennox et al.）研究发现审计报告信息披露日前后的短窗口期内股票异常交易量和超额累计收益均无显著变化，可能的原因在于审计报告披露之前，投资者已从其他渠道获得了大多数信息，这一结论与里德等（Reid et al.）的结论不尽相同③④。

有学者研究认为虽然存在着信息披露粗略和内容模板化问题，审计信息差距在关键审计事项披露之后还是得到了某种程度的弥合，能够实现准则制定者最初的期望⑤⑥。王艳艳等（2018）发现关键审计事项准则实施这一事件能够显著提高公司的累计超额收益率，且这种关系在"四大"审计等的公司中更明显，与雷诺克斯等（Lennox et al.）的研究结论存在较大差异⑦⑧。鄢翔等（2018）发现 A 股公司与"A + H"股公司共享审计师的外溢效应在关键审计事项准则实施后能显著提高审计质量，且这种关系在非国企、注册地制度环境较差等的公司中

① 张继勋，韩冬梅. 标准审计报告改进与投资者感知的相关性、有用性及投资决策——一项实验证据［J］. 审计研究，2014（3）：51－59.

② Köhler, A. G., N. V. S. Ratzinger － Sakel, J. C. Theis. The Effects of Key Audit Matters on the Auditor's Report's Communicaitve Value：Experimental Evidence from Investment Professionals and Non － Professional Investors. Working Paper，2016.

③ Lennox C, Schmidt J, Thompson A. Is the Expanded Model of Audit Reporting Informative to Investors？Evidence from the UK［J］. Working paper，2017.

④ Reid, L. C., J. V. Carcello, C. Li, T. L. Neal. Are Auditor and Audit Committee Report Changes Useful to Investors？Evidence from the United Kingdom. Work-ing Paper，2015.

⑤ 路军，张金丹. 审计报告中关键审计事项披露的初步研究——来自"A＋H"股上市公司的证据［J］. 会计研究，2018（2）：83－89.

⑥ 冉明东，徐耀珍. 注册会计师审计报告改进研究——基于我国审计报告改革试点样本的分析［J］. 审计研究，2017（5）：62－69.

⑦ Lennox C, Schmidt J, Thompson A. Is the Expanded Model of Audit Reporting Informative to Investors？Evidence from the UK［J］. Working paper，2017.

⑧ 王艳艳，许锐，王成龙，等. 关键审计事项段能够提高审计报告的沟通价值吗？［J］. 会计研究，2018（6）：86－93.

更为明显①。李延喜等（2019）发现公司应计盈余管理水平受到关键审计事项准则实施及关键审计事项披露数目显著负向影响，与杨明增等（2018）的研究结论一致②③。张子健等（2019）发现 A 股投资者对关键审计事项披露的反应要比 H 股投资者相应的反应要更积极，且这种积极反应在"四大"审计的公司中，尤其是普华永道中天审计的公司中更为明显④。

2. 关键审计事项间接影响的角度

关键审计事项段向使用者提供更多在审计工作过程中了解的被审计单位信息以及审计工作过程信息等，会间接影响利害关系人行为。因为作为增量信息的关键审计事项所披露内容的数量和质量，能够影响公司利害关系人可以感知到的审计师独立性与法律责任的高低和大小，进而影响他们可以感知到的审计质量的高低。

首先，就审计师的独立性而言，披露关键审计事项揭开了审计工作过程的"黑箱"，原本只会呈现在审计工作底稿中的内容，开始公开进行披露并接受公众的检验，全面展示审计师的专业胜任能力、客观与公正、应有的关注与审慎，为使用者深入了解和合理评价审计工作质量提供了依据。这种全面展示表现在，审计师不仅需要披露关键审计事项，并说明确定的理由，此外还要在上述内容之后描述审计应对措施，这可能会迫使审计师在其执业过程中更加审慎，因而当与管理当局产生意见分歧时，审计师的态度更可能会保持较高的独立性而不愿选择妥协⑤。利害关系人对审计师独立性的感知，会影响其对审计质

① 鄢翔，张人方，黄俊. 关键事项审计报告准则的溢出效应研究 [J]. 审计研究，2018 (6)：73 – 80.

② 李延喜，赛骞，孙文章. 在审计报告中沟通关键审计事项是否提高了盈余质量？[J]. 中国软科学，2019 (3)：120 – 135.

③ 杨明增，张钦成，王子涵. 审计报告新准则实施对审计质量的影响研究——基于2016 年"A + H"股上市公司审计的准自然实验证据 [J]. 审计研究，2018 (5)：74 – 81.

④ 张子健，李小林. A 股与 H 股市场对关键审计事项反应的比较研究 [J]. 南京审计大学学报，2019 (4)：11 – 21.

⑤ 唐建华. 国际审计与鉴证准则理事会审计报告改革评析 [J]. 审计研究，2015 (1)：60 – 66.

量的判断，进而影响其经济决策。当然，审计师在面对激烈的市场竞争的情况下，可能为了长久保持与被审计单位的业务，而不披露真实、全部的重大错报风险等事项，只进行选择性披露、少披露或者进行"人云亦云"式的"模板化"披露等①。把关键审计事项中的商誉减值分成两个不同的版本进行实验研究后发现，当审计师认为商誉发生减值的可能性较低时，投资者会因其传递出的积极评价信号而感知到较低的独立性，进而产生消极的市场反应；反之，当审计师认为商誉已经存在减值迹象时，投资者因其传递出的消极评价信号而感知到较高的独立性，进而产生积极的市场反应②。

其次，就审计师的法律责任而言，由于审计师对被审计单位来说负有审计责任，如果在审计过程中审计师有不尽职或者甚至存在欺诈，那么当被审计单位面临起诉时，审计师一般会作为共同被告。关键审计事项段中披露审计师的判断及审计应对措施，提高了审计过程的透明度，会如何影响社会公众对审计师法律责任的感知呢？目前存在着两个截然不同的观点。

一种观点认为披露关键审计事项提升了审计师的法律责任，因为披露关键审计事项及实施的审计应对程序，反映出审计师识别和评估了相关重大错报风险，但随后的审计诉讼表明审计师并未真正识别出最重要的重大错报风险，进而导致感知的法律责任较高③④。另一种观点认为披露关键审计事项会降低审计师的法律责任。因为在审计师披露关键审计事项之前，相关重大错报风险可能是不可预见的，披露关

---

① Lennox C, Schmidt J, Thompson A. Is the Expanded Model of Audit Reporting Informative to Investors? Evidence from the UK [J]. Working paper, 2017.

② Annette G K, Nicole V S. Ratzinger S, Jochen C T. The Effects of Key Audit Matters on the Auditor's Report's Communicative Value: Experimental Evidence from Investment Professionals and Non-professional Investors [J]. Working paper, 2016.

③ Backof, A, Bowlin K, Goodson B. The Impact of Proposed Changes to the Content of the Audit Report on Jurors' Assessments of Auditor Negligence [J]. Working paper, 2014.

④ Gimbar C, Hansen B, Ozlanski M. The Effects of Critical Audit Matter Paragraphs and Accounting Standard Precision on Auditor Liability [J]. The Accounting Review, 2016, 91 (6): 1629 – 1646.

键审计事项、识别并报告相关风险，可以提醒使用者关注报表信息，发挥预警作用，进而减轻审计师的法律责任。进一步比较发现，这种预警作用在披露的关键审计事项与诉讼事项不相关时，变得不显著，即披露诉讼相关事项比披露诉讼不相关事项，更容易减轻审计师的法律责任①②。具体而言，如果披露的关键审计事项与诉讼相关性不高，表明审计师并未将最重要的事项确定为关键审计事项，折射出其较低的审计质量，利益相关者则认为审计师未尽到职责，会要求审计师承担更多的法律责任；如果披露的关键审计事项与诉讼事项相关较高，折射出较高的审计质量，利害关系人则认为审计师已尽到职责，会要求审计师承担较少的法律责任或者不承担法律责任③。

而欣巴尔（Gimbar）把上述问题放到了会计准则不同原则导向的背景下进行讨论④。发现在规则导向下，无论是披露相关事项还是不相关事项，都不会提高审计师的法律责任；而原则导向下，披露关键审计事项更难让陪审团感知到审计师的审慎和应有的关注，则会导致感知的法律责任增加。

从上述关键审计事项的相关研究可以看出，学者们从是否披露关键审计事项、关键审计事项的披露数量、内容扩充、措辞表述等角度讨论了披露关键审计事项的影响，由于研究方法与样本选择的差异，即使是研究同一个课题，研究结论也不尽相同。而我国关键审计事项准则的试点实施和全面实施，为我们结合中国资本市场数据，开展关键审计事项的经济后果研究提供了契机。

---

① Brasel, K., Doxey, M. M., Grenier, J. H., Reffett, A. Risk Disclosure Preceding Negat-ive Outcomes: The Effects of Reporting Critical Audit Matters on Judgments of Auditor Liability [J]. The Accounting Review, 2016, 91 (5): 1345 – 1362.

② Brown T, Majors T, Peecher M. The Impact of a Judgment Rule and Critical Audit Matters on Assessments of Auditor Legal Liability—The Moderating Role of Legal Knowledge [W]. Working paper, 2015.

③ Kachelmeier S, Schmidt J, Valentine K. The Disclaimer Effect of Disclosing Critical Audit Matters in the Auditor's Report [J]. Working paper, 2014.

④ Gimbar C, Hansen B, Ozlanski M. The Effects of Critical Audit Matter Paragraphs and Account-ing Standard Precision on Auditor Liability [J]. The Accounting Review, 2016, 91 (6): 1629 – 1646.

三、关键审计事项披露相关因素与分析师行为

（一）审计相关因素与分析师行为

审计师作为资本市场持续有效的外部监督力量，是确保会计信息质量的重要治理机制，他们对财务报告审计的过程就是对被审计单位盈余管理行为进行侦查和纠正的过程。审计师通过提供财务信息鉴证服务，能够提高会计信息质量，缓解各利益主体间的代理冲突，降低代理成本[1][2]。

审计质量较高的公司一般属于优质公司，分析师关注度较高，不仅分析师跟踪人数较多，而且分析师预测准确度较高，预测分歧度也较小。因为分析师在收集和分析公司信息时，会特别关注审计师任期、审计师品牌、审计师行业专长、审计师变更、共享审计师、审计质量、审计收费等因素，并借助审计师发布的信息和审计师行为来判断公司财务报告的质量，用以评价公司可能存在投资不确定性和投资前景等。具体地，分析师认为审计师任期越长代表着公司盈余的持续性越高，并且在对下一期盈余进行预测时，会更多地考虑上期盈余信息，这说明分析师是能够比较正确地认知审计师任期所蕴含的意义，但也要警惕这种认知存在着过度反应的可能性，因为审计任期与审计质量呈倒"U"形关系，而拐点是约6年，这表明审计任期与审计质量的关系存在着非线性的关系（陈信元和夏立军，2006），且上述结论也得到了刘启亮（2006）研究证据的证实[3][4][5]。有研究发现审计费用越低的公司，

① 薄仙慧，吴联生. 盈余管理、信息风险与审计意见 [J]. 审计研究，2011（1）：90−97.

② Jensen，M. C.，Meckling，W. H. Theory of the Firm：Managerial Behavior，Agency Costs and Ownership Structure [J]. Journal of Financial Economics，1976，3：305−360.

③ 陈信元，夏立军. 审计任期与审计质量：来自中国证券市场的经验证据 [J]. 会计研究，2006（1）：44−53.

④ 储一昀，仓勇涛，王琳. 财务分析师能认知审计任期的信息内涵吗？ [J]. 会计研究，2011（1）：90−94.

⑤ 刘启亮. 事务所任期与审计质量——来自中国证券市场的经验证据 [J]. 审计研究，2006（4）：40−49.

其分析师跟踪人数越多、预测偏差越小，即分析师跟踪的"治理作用"与外部审计监督之间存在替代效应，有的是从民营上市公司中得到的经验证据，有的是从国有上市公司中得到的经验证据，这说明分析师会借助审计师行为所释放出的信息作出判断和决策，确定要跟踪哪些公司，并对公司的盈余信息进行解读和预测①②③。分析师更倾向于跟踪与分析师所属券商共享审计师的上市公司和额外发布现金流预测，并且盈余预测准确性也更高④。当审计师具有行业专长或品牌声誉时，因其所代表的高质量审计质量，使得被审计单位的分析师跟踪人数更多、预测准确度更高、预测分歧度更低，说明高质量的审计质量能够增加分析师的关注度，提高分析师预测的质量⑤⑥⑦。异常审计费用对预测有效性产生消极作用：因为异常审计费用所代表的低质量财务报告信息环境，分析师通过异常审计费用能够识别客户与审计师合谋的风险，通过放弃跟踪的方式，或者预测准确性显著下降和预测分歧度显著上升的方式，向资本市场传递警示信息⑧⑨。

① 李晓玲，任宁. 证券分析师关注与审计监督：替代抑或互补效应——基于中国民营上市公司的经验证据［J］. 审计与经济研究，2013（6）：20-28.
② 周冬华，赵玉洁. 分析师跟进能够降低审计费用吗——来自中国证券市场的经验证据［J］. 证券市场导报，2015（1）：13-44.
③ 赵保卿，陈润东. 证券分析师关注、产权性质与审计费用［J］. 南京审计学院学报，2016（1）：59-66.
④ 刘文军，谢帮生. 分析师预测信息来源的新发现：会计师事务所［J］. 财经研究，2017（5）：76-88.
⑤ 李刚. 上市公司年报审计质量与证券分析师盈余预测的实证分析［J］. 上海经济研究，2013（5）：75-84.
⑥ 倪小雅，戴德明. 审计师行业专长、品牌声誉与分析师盈余预测［J］. 预测，2017（1）：41-46.
⑦ Behn B. K., Choi J. H., Kang T. Audit Quality and Properties of Analyst Earnings Forecasts［J］. The Accounting Review，2008，38（2）：327-349.
⑧ 高瑜彬，廖芬，刘志洋. 异常审计费用与证券分析师盈余预测有效性——基于我国A股上市公司的证据［J］. 审计研究，2017（4）：81-88.
⑨ 李志刚，施先旺，刘拯. 分析师能发现审计合谋吗——基于我国上市公司的经验证据［J］. 财经论丛，2015（7）：56-65.

（二）关键审计事项披露的文本特征与分析师行为

因先前标准式审计报告的标准统一的措辞表述、内容和结构格式，基本无法运用文本分析法对审计报告进行研究，以往的研究也比较多地集中与审计意见类型有关的方面。而此次审计报告改革，尤其是在审计报告中加入"关键审计事项"这样的"非标准"内容，为研究者运用文本分析法解构审计报告中的非标准化内容，发掘其透露出的异质信息提供了非常重要的契机。

目前财务信息对财务报表使用者的作用正逐渐下降，原因在于，首先，复杂的内外部环境以及财务报表承载非财务信息方面的局限性，使财务信息在反映公司经营活动与未来前景等信息上心余力拙，信息供给方迫切需要用文本形式来向资本市场提供公司信息；其次，普遍存在的道德风险致使盈余管理降低了财务信息的可靠性。在这种情况下，文本信息逐渐被人们关注，因为文本信息不仅具有较高的可理解性，还体现了公司高层的意志和态度，传递着公司的许多内部特质信息，如何能够科学、省时、省力地捕捉文本信息中的关键特征，成为亟待解决的问题，文本信息的分析和解读在等待一个技术风口[1]。随着计算机文本分析技术在学术研究中的运用，使得对文本信息进行有效率的分析成为可能。因为特征词能够反映公司对经济事项的强调或隐瞒，所以就形成了"特征词统计法"这样一种逐渐被公认的文本信息度量方式[2][3]。

分析师更愿意跟踪提交可读性较差的 10－K 报告的上市公司，以向资本市场提供更多的信息来缓解使用者解读上的问题，即分析师跟

---

① 程新生，谭有超，刘建梅. 非财务信息、外部融资与投资效率［J］. 管理世界，2012（7）：137－150.

② 潘越，潘健平，马奕涵. 企业的合作文化促进创新了吗？［C］. 第16届实证会计国际研讨会论文集，2017：255－278.

③ Li F. The Information Content of Forward－Looking Statements in Corporate Filings——A Naïve Bayesian Machine Learning Approach［J］. Journal of Account-ing Research，2010，48（2）：1049－1112.

踪人数或关注度上升。但同时却造成分析师预测的准确性降低，预测分歧度变大，即分析师预测报告质量下降①。而且影响分析师跟踪和关注年报较为复杂的公司的还有其他因素：过度自信，因为研究发现年报复杂性与分析师预测信息含量、分析师预测质量不存在显著相关关系，说明分析师的专业解读作用有限，并没有为资本市场提供真正有价值的信息增量②。通过对改进后的审计报告进行文本和语调分析，发现其包含的否定和不确定性词语更多；也发现其可读性得到了提高，并且若是撰写审计报告的是品牌声誉高和具有行业专长的审计师的话，可读性更强，即含有更多职业判断的词语和更强的可读性使改进后的审计报告具有信息增量的作用，提高了资本市场信息效率。除此之外，其他学者也对"管理层讨论与分析"、年报语气语调以及业绩说明会上的管理层语调进行了文本分析研究，并发现业绩说明会上的管理层语调是具有信息含量的，并且分析师在对公司盈余进行预测时，在一定程度上还认知和利用了管理层语调；但如果发现出现乐观偏差较高的情况时，即实际业绩与文本信息语调不符，那么分析师将会降低对文本信息的依赖度，并对先前的盈余预测进行下调修正③④⑤⑥⑦⑧⑨。

---

① Lehavy, R., Li, F., Merkley, K. The Effect of Annual Report Readability on Analyst Following and the Properties of Their Earning Forecasts [J]. The Accounting Review, 2011, 86: 1087 – 1115.

② 丘心颖，郑小翠，邓可斌. 分析师能有效发挥专业解读信息的作用吗？——基于汉字年报复杂性指标的研究 [J]. 经济学（季刊），2016（4）：1483 – 1506.

③ 陈艺云，贺建风，覃福东. 基于中文年报管理层讨论与分析文本特征的上市公司财务困境预测研究 [J]. 预测，2018（4）：53 – 59.

④ 林乐，谢德仁. 分析师荐股更新利用管理层语调吗？——基于业绩说明会的文本分析 [J]. 管理世界，2017（11）：125 – 145.

⑤ 孟庆斌，杨俊华，鲁冰. 管理层讨论与分析披露的信息含量与股价崩盘风险——基于文本向量化方法的研究 [J]. 中国工业经济，2017（12）：132 – 150.

⑥ 许文瀚，朱朝晖. 分析师预测会利用年报文本信息吗 [J]. 当代财经，2019（1）：131 – 141.

⑦ 曾庆生，周波，张程，等. 年报语调与内部人交易："表里如一"还是"口是心非"？[J]. 管理世界，2018（9）：143 – 160.

⑧ 朱朝晖，包燕娜，许文瀚. 管理层语调离差策略及其对分析师预测乐观度影响——基于A股制造业上市公司MD&A文本分析 [J]. 财经论丛，2018（2）：39 – 46.

⑨ Smith K. Tell Me More: A Content Analysis of Expanded Auditor Reporting in the United Kingdom [J]. Working paper, 2016.

新审计报告改革的目标之一是通过关键审计事项段信息，以文本信息的形式向社会公众传递公司特质信息，而且这个文本信息中可能不可避免地会蕴含有审计师的语调等特征词，因此沟通效果会受到文本信息披露方式及内容的影响，而文本特征中一个重要方面就是文本可读性①②。如果信息使用者能够理解关键审计事项传递出来的增量信息，那么这些信息就创造和增加了沟通价值；或者信息使用者在不具备专业知识的情况下，能够理解通过信息中介解读后传递出来的增量信息，也能创造和增加沟通价值③。

第二节　文献述评

从以上研究成果可以看出，披露关键审计事项作为此次审计报告改革的核心内容，对其披露的状况及其经济后果进行研究具有重要的理论价值和现实意义。关键审计事项准则实施以来，相关研究从探讨改革动因、改革现状，到考察新准则实施的经济后果，形成的研究成果日益丰富，为本书提供了重要的文献参考和思路借鉴。但是，现有文献在数据选择、研究视角和研究内容等方面，还值得进一步探讨和深入研究，这为本书开展关键审计事项披露对分析师行为影响研究提供了机会。

从数据选择来看，为数不多的实证论文大多利用美国和英国等国家的上市公司数据进行研究，来自中国资本市场的证据比较匮乏。为此，本书基于我国审计报告改革的制度背景，结合我国 A 股和"A ＋ H"股上市公司 2015～2017 年的数据，手工收集整理了关键审计事项

---

①　Coram, P. J. , T. , J. Mock, J. L. Turner, G. L. Gray. The Communicative Value of the Auditor' Report [J]. Australian Accounting Review, 2011, 21 (3): 235 – 252.

②　Smith, J. E. and Smith, N. P. Readability: A Measure of the Performance of the Communication Function of Financial Reporting [J]. Accounting Review, 1971 (7): 552 – 561.

③　Loughran, T. McDonald, B. Textual analysis in accounting and finance: a survey [J]. Journal of Accounting Research, 2016, 54 (4): 1187 – 1230.

的披露数目、关键审计事项披露文本特征（包括关键审计事项篇幅、关键审计事项文本可读性、关键审计事项句均字数、关键审计事项句均词数以及关键审计事项类型和具体类型）等具体披露内容，实证检验了关键审计事项披露对分析师行为的影响，为我国乃至世界范围内的审计报告改革效果补充了来自中国市场的重要经验证据。

从研究视角来看，现有针对关键审计事项披露的经济后果的研究，多聚焦于对企业的绩效、盈余质量等的影响，以及对企业利益相关者的行为也会产生显著的影响，如影响审计收费、审计质量、审计人员感知的审计责任、投资者决策及银行信贷决策等，极少数学者考察关键审计事项披露对分析师行为的影响。分析师作为资本市场重要参与者，通过挖掘和解读上市公司及相关行业和市场的公共信息和私有信息，进而作出盈余预测，在公司信息披露和投资者之间起到非常重要的中介作用，本书尝试从分析师跟踪、分析师预测准确性和分析师预测分歧度这三个角度，开展关键审计事项披露对分析师行为影响的研究，以弥补现有研究的不足。

从研究内容来看，关键审计事项的相关研究相对分散，尚未形成体系。首先，缺少对理论基础的梳理与介绍。关键审计事项披露的影响研究，离不开经济学、心理学和管理学等相关学科的理论基础，但现有文献中理论体系匮乏，本书试图构建关键审计事项披露的经济后果的理论框架。其次，由于计算机技术在信息文本分析上的应用，给了我们对关键审计事项段进行文本分析的契机，使本书对关键审计事项披露内容的挖掘和研究也相对比较深入，并且国内外关于文本分析方面的文献也给本书的研究铺设了道路。通过检验关键审计事项披露对分析师行为的影响，从分析师跟踪、分析师预测准确性和分析师预测分歧度三个方面深入探讨关键审计事项披露对分析师行为的影响机理，并考虑会计师事务所规模、信息环境、市场化环境等因素的调节效应，不仅有助于丰富现有文献，而且有助于了解我国审计报告改革实施情况，为更好地推进审计报告改革提供经验证据支持。

第二章

制度背景与理论基础

第一节 制度背景

一、注册会计师审计报告的演化和变迁

在增加以披露关键审计事项段为主要内容的变革之前，注册会计师审计报告伴随着审计实务与理论的变化和发展而不断演化、变迁，从其起源到发展和完善，已经走过了长达几百年的演化和变迁之路。

（一）注册会计师审计报告的起源

1720 年，以编制虚假财务信息、虚构高额盈余的英国南海公司宣告破产，"南海公司泡沫"事件爆发，导致众多利益相关者遭受了巨大的经济损失和严重的心理创伤，时隔 100 多年之后，股份制公司形式才又在曾经取缔它的地方重见天日，足见其影响之深远。为了查清该公司破产的来龙去脉以及平息众怒，受英国下院成立的秘密委员会委托，资深会计师查尔斯·斯内尔开始对南海公司账目进行检查，在详细检查了南海公司触目惊心的账目等相关会计资料后，1721 年，编制了名为《伦敦市霍斯特·莱思学校的习字教师兼会计师查尔斯·斯内

尔对索布里奇商社会计账簿检查的意见》查账报告书，查尔斯·斯内尔和他的查账报告书被后世称为"世界上第一位注册会计师"和"世界上第一份审计报告"，而且这一事件也拉开了注册会计师审计报告产生和发展的帷幕。

（二）注册会计师审计报告的发展

注册会计师审计报告的发展，大致经历了以下四个阶段：

1. 非标准审计报告模式阶段

早期的审计报告，因为尚处于雏形和多样化发展的阶段，和现在的审计报告相比看起来还极不完善。甚至不少审计报告没有标题、没有明确的收件人、不写日期，采用什么方式传达给使用者和通过何种形式来表述不同的审计意见等，完全依赖于审计师的个人职业判断，这在某种程度上也给使用者的阅读带来很多困惑。由于财务报表信息（主要是资产负债表）的鉴证主要依赖于审计师个人的权威，没有统一的标准和模式，灵活性较大，通常会导致其撰写的审计报告篇幅较长。而且由于审计师往往过于自信，再加上当时的财务报表相对来说也较为简单的缘故，在他们表述审计意见时，经常出现"我们证明""真实地反映""准确地记录""以上是正确的"等比较绝对的语言表述。即使到了 20 世纪初，审计报告仍未形成统一标准的结构和措辞。从第一份审计报告出具开始算，已经有 100 多年的历史了，审计报告的发展步伐不可谓不缓慢，究其原因，很可能是"南海公司泡沫"事件导致的股份制公司形式被取缔，客观地延缓了世界经济和资本市场的发展以及大公司诞生的时间。

2. 标准审计报告模式的探索阶段

随着股份制公司形式的东山再起，世界范围内的资本市场空前繁荣，这种公司形式也越来越多地吸收着社会公众的闲散资金，个人投资者在经济生活中扮演着越来越重要的角色，他们在作经济决策时愈加看重财务报表、审计报告以及它们的质量所起到的作用。美国会计师协会（AIA）根据联邦贸易委员会的要求，基于革新财务报表编制工作和推进审计工作规范化和标准化的目标，编制了"资产负债表审计备忘录"。而且联邦储备局在一战结束前一年和结束当年分别以"统一会计""编制资产负债表公认方法"为题，将这个"备忘录"广泛印发。在这个"备忘录"中，美国会计师协会（AIA）在广泛征求了实务界和理论界的意见之后，不仅对资产负债表检查工作和审计报告进行规范化和标准化提出了良好的建议，还勇敢探触了标准化审计报告模式，并提供了改进后的标准化审计报告格式雏形。这个最初的标准化审计报告只包括审计范围、审计意见两个段落，内容比较简单。1925 年，因受到后来被称为"厄特玛斯主义"的严重影响，审计行业开始意识到自己的工作实际上存在较多的固有局限：首先，审计师人为专业判断失误的不可避免性以及专业胜任能力的参差不齐；其次，在公司经营活动日益复杂的大背景下，因受到各种成本因素的制约，审计师完全按照审计准则的要求来实施审计程序，也未必能够查出所有精心策划、客观存在且隐蔽性较强的舞弊行为，也做不到检查财务报表的方方面面，上述两点都决定了不可能对财务报表提供绝对保证，于是曾经出现在早期审计报告中的"我们证明""我们保证"等绝对化的措辞被删除了，以尽量避免和降低注册会计师可能面临的法律责任。而且美国会计师协会（AIA）于 1929 年将"我们检查了会计账簿"替代了原有的措辞"我们已审计了会计账簿"，主要是基于来自审计实务中的经验和教训，对审计报告内容进行再次修订，但依然缺少像"审计报告"这样的标题和明确的收件人等要素。虽然如此，但毕竟能在内容和措辞表述上进行了改进，已经难能可贵了，也标志着迈出了探索标准审计报告模式的第一步。

3. 标准审计报告模式的形成阶段

20 世纪 20 年代末发生的美国经济危机乃至世界经济危机，社会各界强烈呼吁上市公司必须强制接受外部审计。1933 年纽交所（NYSE）为了回应和平息社会公众的强烈不满，对申请上市的公司作出明确规定，并以立法形式把这一市场制度确立下来：必须提交由注册会计师审计过的财务报表。并且，为了进一步对审计报告进行修改、补充和完善，针对审计报告的具体措辞、内容，美国会计师协会（AIA）与纽交所（NYSE）进行了长时间的讨论与博弈。1933 年底，美国会计师协会（AIA）发布了第一份标准审计报告，虽然在段落内容和数量上没作变动，但是在措辞表述上变化较大，比如第一次出现了现在大家所看到的"公允地反映"等这样的措辞。20 世纪三四十年代，标准审计报告模式的格局基本确立下来，其格式、结构、内容与措辞的规范化与标准化程度也逐步提高，并引起了世界上其他国家和地区的纷纷效仿和借鉴。

4. 标准审计报告模式的发展阶段

标准审计报告模式伴随着审计理论与审计实务的发展而逐渐得到发展完善。1963 年和 1971 年，通过进一步明确审计工作范围和审计人员职责；并补充审计工作的依据等工作，标准审计报告又得到了两次调整；1980 年，美国注册会计师协会（AICPA）建议在范围段内说明审计的三大方面（性质、时间和范围）；把"检查"一词改回为原先的"审计"一词；在标题中增加"独立"一词等；1988 年，美国注册会计师协会（AICPA）对审计报告的种类做出重大调整，标准审计报告得到进一步发展与完善。

国际审计实务委员会（IAPC）以及更名后的国际鉴证与审计准则理事会（IAASB）在标准审计报告发展的过程中也发挥了重要作用。1983 年，IAPC 发布了关于审计报告的准则，指标准审计报告应包含的要素，即包括了除管理层责任段、注册会计师责任段和事项段（出具不同审计意见的依据）之外的其他项目，对审计报告格式与内容进行了进一步规范。这也是对标准审计报告形成以来的重大贡献和突破，为提高全球可比性和可理解性、节约使用和转换成本提供了可供借鉴的经典范例。2004 年，国际鉴证与审计准则理事会为了形成一套国际通用的审计报告，进一步对审计报告准则进行了修订，审计报告就此形成了包括引言段、管理层责任段、注册会计师责任段、审计意见段和事项段在内的经典五段式。

从古今中外审计报告的演进和变迁历程来看，其主要特点有两个：

首先，格式、结构和措辞趋于收敛化和标准化。早期的审计报告没有统一的格式与要求，是发散式的，用语随意性较大，且包含了很多比较绝对化的措辞，容易引起使用者的误解，带给审计师不必要的风险和麻烦。随着审计理论和审计实务的发展，审计师行业和社会各界也逐渐意识到审计报告的格式、行文以及措辞等存在的问题，经过多年修订和改进，标准审计报告逐渐得到确立、发展和完善，具体的格式要求、要素以及措辞也不断明确，引入了很多不太容易引起误解的专业词汇，进一步帮助使用者准确地理解审计师的工作内涵，很多国家和地区开始纷纷效仿和借鉴经典五段式审计报告格式。其次，内容趋于简洁化和固定化。早期的审计报告内容涵盖的信息较多，比较详尽，事无巨细，而且并不固定，但随着公司经营活动的日益复杂，这种审计报告开始不太适应时代的发展了。20 世纪 30 年代开始的标准审计报告变革，在其内容上去芜存菁，得到了大幅精简。审计报告随后经历多次修订，内容上由先前的两段式变成了五段式，并在一段时间内固定了下来。段落虽然增加了三个，但具体文字较少，审计报告总体来说实现了简洁化和固定化。

二、注册会计师审计报告的国际新动态

（一）国际审计报告准则的最新修订

1. 国际审计报告准则的修订过程

政治局势、经济形势和法律环境的多变，以及各种新技术的不断涌现加重了企业经营活动的复杂性，进而加速了对标准审计报告局限的挑战；先前标准审计报告的格式固定、内容统一等优势渐渐变成了它的劣势，这些优势一方面确实提高了审计报告在全球范围内的可比性和可理解性，另一方面也束缚了其容纳和传递信息的能力，它所能提供的信息量也逐渐与使用者的需求之间形成了越来越大的信息差距。万事万物都是一体两面的，优势和劣势在一定条件下经常相互转化，

相辅相成。特别是在 2008 年金融危机之后，这种信息差距在社会公众的不断诟病中到了势必要尽力弥合的程度。在此背景下，国际鉴证与审计准则理事会（IAASB）开始了改进审计报告的前期调研工作。2009 年，上述信息差距在调研后的报告中显示：由于企业经营活动的复杂性上升，财务报表编制中涉及判断和估计的领域日益增加，使用者希望知悉审计师在审计过程中对管理层判断与估计的职业判断、采取的审计措施以及最后的决策过程，以便能够更好地评价被审计单位的财务报表质量和审计师的审计质量。但是因为标准审计报告信息含量有限，并未披露针对判断和估计实施的风险评估、风险分析以及风险应对的过程，其信息含量主要是以审计意见为核心，以"合格、不合格"这种反映审计质量属性的人工哑变量形式来传递最终结论，实际上是人为地剥夺了使用者获取更多细节信息的知情权，以至于使用者很难从中知悉审计过程中审计师关注过的高风险领域和他们采取过的具体应对措施。2011 年，国际鉴证与审计准则理事会（IAASB）针对上述关于导致信息差距的关键问题，发布《提高审计报告的价值：探索变革方法》，探讨审计报告改革可能产生的影响，并向广大理论和实务工作者征求审计报告准则的修改意见，希望了解使用者对审计报告决策有用性和相关性的判断、理解和具体诉求。2012 年，国际鉴证与审计准则理事会（IAASB）在前期准备工作完成的基础上发布了《邀请评论：改进审计师报告》，提出了对审计报告准则修改和新增的方向，并邀请多方利益相关的代表人士讨论如何弥合信息差距问题，并展开激烈的博弈，以期最大限度地降低变革成本和方案实施后的阻力，形成一整套各方均能接受的改进意见。2013 年，国际鉴证与审计准则理事会（IAASB）根据多方利益相关的代表人士的讨论结果，敲定审计准则的修订基调，发布新修订准则《ISA700—形成审计意见并出具审计报告》以及其他相关准则等的征求意见稿。2015 年 1 月，审计报告改革正式展开，基于对征求意见稿中各方人士宝贵反馈意见的采纳，国际鉴证与审计准则理事会（IAASB）发布新修订的各项审计准则。

2. 国际审计报告准则的修订内容

本次国际审计报告准则的修订和新增主要集中于《ISA700—形成审计意见并出具审计报告》和《ISA701—关键审计事项》，前者属于修订，后者属于新增，其他各项准则都是在上述两项准则修订和新增的基础上对原有准则所做的配套修订。在审计报告中增加"关键审计事项"是此次审计报告准则的最重要也最核心的变化和新增项目。关键审计事项是在本期审计中审计师重点关注的一个或者多个事项，是从与治理层沟通的事项中挑选确定的，即一是关键审计事项属于重点审计领域，被审计师重点关注过；二是关键审计事项要在与治理层沟通的事项这个集合中挑选。这也决定了关键审计事项一般会从以下三大领域中产生：高风险领域、重大会计判断领域和重大交易或事项领域，并且在确定和披露关键审计事项时审计师应充分说明选取的理由，不能直接摘录财务报表中已披露的信息，应该站在自己专业立场上对其进行重新描述，并大致披露实施过的审计程序。

最新的国际审计报告准则除了回应上述主要问题之外，如果审计师对被审计单位的持续经营能力存在重大疑虑的话，可单设段落予以突出强调，并要求审计师在持续经营的审计方面应加强成本投入。同时，其他的结构和内容变化还包括：为了更加突出和传递不同审计意见类型涵盖的信息含量，审计报告的第一段落变为审计意见段；对审计师的责任进行进一步说明；审计师对其他信息负有的主动阅读责任得到进一步明确，并在审计报告中增加"其他信息"段予以说明；为了端正项目合伙人和全体合伙人的审慎态度，以及加强他们的审计责任，需在审计报告中披露其姓名等。

（二）英国审计报告改革

1. 英国审计报告准则的修订过程

英国审计报告改革与国际审计报告改革的大背景密切相关，同时也带有与英国社会、政治、经济环境相关的浓重特征。英国财务报告理事会（FRC）于 2007 年在公开发布了《审计报告：改革之时已到？》

一文中探讨审计报告改革具体措施：在审计报告中披露审计师对特定事项的说明等内容，并提出分离审计报告的范围段等，实际上我们已经能够看出上述的"特定事项"与国际审计准则中的"关键审计事项"有异曲同工之妙。2008年金融危机爆发后，英国开启了新一轮的审计报告改革。为了配合《英国公司治理守则》与《审计委员会指引》和落实2011年发布的《有效的公司治理：下一步举措》中所提出的建议，英国财务报告理事会（FRC）收集了各方人士的反馈意见，对审计报告准则ISA（UK and Ireland）700进行调整和修订并正式发布，要求相关会计期间的财务报表审计按照新审计报告准则执行。

2. 英国审计报告准则的修订内容

与国际审计报告改革有别的是，英国的审计报告改革并未新增准则，而是调整和修订了原有准则。虽然修订后的准则中并未明确涉及"关键审计事项"一词，但其中最重要的核心变化是要求审计师披露执业过程中识别出的最为关键的重大错报风险、重要性概念的运用等，这与国际审计报告准则中的规定实际上异曲同工，目的都是通过在审计报告中纳入审计过程中确定的"关键审计事项"和实施过的审计程序，来加强与使用者之间的沟通和审计报告信息增量。此外，也有与国际审计报告准则相似的地方，比如也要求在审计报告中披露审计项目合伙人的姓名，也适用于非上市公司；虽然没有对持续经营问题、审计师责任等问题作强制要求，但也均有涉及①。

（三）美国审计报告改革

1. 美国审计报告准则的修订过程

众多投资者在金融危机之后表示，传统的标准审计报告中因为没有反映出审计师在执业中了解和掌握的许多关于审计对象和审计师决策过程本身的私有信息，严重影响了审计师与使用者的信息沟通，其

---

① 陈波. 审计报告改革的英国经验及启示 ［J］. 中国注册会计师，2016（5）：120 - 125.

重要的纽带作用和决策价值被严重削弱。为了了解众多机构投资者和个人投资者的诉求，美国公众公司会计监督委员会（PCAOB）于2010年专门成立工作小组展开调研，结果显示投资者对审计报告的信息需求与国际鉴证与审计准则理事会（IAASB）的调研结果类似，不再赘述。为了广泛征求社会公众的意见，PCAOB于2011年6月根据调研结果发布了几种备选方案，为审计报告改革工作作好前期准备工作。PCAOB建议审计师应在审计报告中披露以下使用者特别关切的信息：（1）对识别出的高风险事项、涉及管理层重要估计与判断以及持续经营产生重大影响等重要事项，审计师实施了哪些审计程序，审计人员的独立性以及审计师是如何评价的；（2）以独立第三方的视角和立场充分披露上述识别出的被审计单位重大事项；（3）阐明被审计单位选择何种会计政策和披露方式才会更受审计师的青睐。PCAOB于2013年8月根据各方人士的反馈意见，提出了包括披露关键审计事项在内的审计准则修订草案。PCAOB于2016年5月在一份改进审计报告的新提议中，详细阐述了关键审计事项内涵、确定关键审计事项的来源以及相关沟通的要求等，对前述修订草案作了进一步修改和完善，并于2017年6月正式发布将审计报告最终的改进版本，美国此番审计报告改革暂时告一段落。

2. 美国审计报告准则的修订内容

其修订的核心内容主要包括以下几个方面：第一，沟通本期审计中的关键审计事项是审计师的职责，并说明确定关键审计事项的理由；或者如果本期审计中不存在关键审计事项，应充分说明不沟通的理由。需要沟通的关键审计事项主要包括两种：（1）重大交易或者事项；（2）高风险以及涉及重大判断的事项，审计师在确定与执业审计程序以及评估审计结果时，涉及较强的职业判断等。第二，审计师除了沟通关键审计事项以及说明审计师将一个或多个事项确定为关键审计事项的理由之外，还需要在审计报告中描述审计应对措施，以及将沟通的关键审计事项明确索引至相关的财务报表附注。而且新审计报告信息披露增加了审计师独立性、审计师任期等信息，并进一步澄清了审计师的职责。

综合以上国际组织和各国家的审计报告改革历程来看，为了进一步弥合审计信息差距，IAASB、FRC 和 PCAOB 在金融危机前后，均开始了审计报告模式改进的准备工作。其中，各国家的审计报告改革内容均与自身的社会、政治、经济环境密切相关，故而带有比较鲜明的本国特色，导致它们之间存在着措辞或者用语方面的差别，但核心内容都在于增加披露审计师执业过程中关注过的重要事项。英国修订后的准则中虽然并未明确涉及"关键审计事项"一词，但与国际审计报告准则中的规定实际上异曲同工，目的都是通过在审计报告中纳入审计过程中确定的"关键审计事项"和实施过的审计程序，来加强与使用者之间的沟通和审计报告信息增量。从整个审计报告的结构、内容和措辞上来看，它是对标准审计报告模式和非标准审计报告模式取长补短的复合体，一方面，它克服了这两种审计报告模式的种种缺陷；另一方面，把它们的种种优点保留下来。比如部分吸纳了非标准审计报告模式的非标准化表述，融入了"关键审计事项"这一段落，但又克服了它的冗长；也保留了标准审计报告中的几乎所有内容，只是在结构次序上作了调整，在内容上作了微调。从本轮审计报告改革的国际新动态来看，对审计报告准则及其配套准则进行修订已经是大势所趋了。

三、我国审计报告改革的实践

（一）我国审计报告准则的修订

为了回应财务报表使用者对标准审计报告模式的质疑，以及保持审计准则的国际趋同，在借鉴国际审计报告准则和各方人士充分讨论的基础上，财政部于 2016 年 12 月 23 日正式发布 12 项新审计准则，标志着我国审计报告准则翻开了新的篇章。其中最重要和最核心的一项准则是《中国注册会计师审计准则第 1504 号——在审计报告中沟通关键审计事项》，并且，为了便于指导具体实务中审计报告的撰写工作，财政部于 2017 年 2 月 28 日发布相关配套指南，包括《中国注册会计师审计准则第 1504 号——在审计报告中沟通关键审计事项》应用指南。新准则规定，"A + H"股上市公司正式于 2017 年 1 月 1 日起试点实施，其他上市公司于 2018 年 1 月 1 日起全面实施。

新修订的审计报告准则在内容上最核心的变化，就是增加披露关键审计事项。为了实现提高审计过程透明度和审计报告信息含量以及降低审计信息差距的目标，新准则要求审计师确定并披露本期审计中的关键审计事项，以及实施的审计程序，并且确定的关键审计事项不能影响已经形成的审计意见，改进内容和目标与国际审计报告准则极为相似。另外，为了进一步端正项目合伙人以及全体合伙人的审慎态度和加强他们的审计责任，国际审计准则要求披露审计项目组合伙人姓名，但披露位置和方式并未作明确规定，我国审计报告准则在这一点上也未作明确规定，但在我国审计实务中第一个签字注册会计师一般为审计项目合伙人，已形成行业惯例，可参考我国上市公司年度报告中的审计报告落款部分。

（二）我国关键审计事项准则的相关规定

1. 关键审计事项的内涵

关键审计事项是审计师根据职业判断认为对本期财务报表审计最为重要的事项。关键审计事项准则明确规定，审计师应当结合具体情况确定哪一个或者哪些关键审计事项对本期审计影响最为重要，并在审计报告中进行沟通和披露。关键审计事项应是审计师从与治理层沟通的事项中选择的，且曾是审计过程中的重点审计领域。即关键审计事项一般从以下三个领域挑选：一是高风险或者特别风险领域，二是涉及重大审计判断领域，三是本期重大交易或事项；另外，关键审计事项的确定取决于审计师职业判断。

2. 关键审计事项的披露要求

关键审计事项准则明确规定，关键审计事项的披露属于强制披露，除非法律法规禁止公开披露；或者披露被合理预期可能会产生较大的负面影响，使得负面影响超过带来的公众利益。审计师不披露关键审计事项的话，应在审计报告中单设的关键审计事项段部分说明理由。除此之外，披露关键审计事项容易让使用者产生误解的情景还包括审计报告的审计意见类型是无法表示意见，因为无法表示意见通常与审计范围严重受限有关。即除非存在上述三种特殊情况，否则审计师必须披露关键审计事项。

准则要求从以下方面描述和披露关键审计事项信息：首先，审计师应当在关键审计事项段的引言段阐述其内涵，作为开宗明义的第一句话。并且关键审计事项的披露是以形成的审计意见为背景的，不影响已经形成的审计意见。为避免给使用者造成不必要的误解，审计师不再单独对关键审计事项发表意见。其次，如果财务报告相应位置已经披露关键审计事项，则应当明确将其索引至相关报表附注，以便使用者查找核对。再次，在确定和披露关键审计事项时审计师应充分说明选取的理由，不能直接摘录财务报表中已披露的信息，应该站在自己专业立场上，用自己的语言对其进行重新表述。最后，审计师针对关键审计事项的主要审计程序，可以包括以下内容：言简意赅描述实施过的最具有针对性的审计程序及实施结果；审计师对该事项的主要看法，但不代表审计师对关键审计事项单独发表的意见，但在我国审计报告实务中发现，审计师经常在实施审计程序后不披露对关键审计事项的主要看法，披露的占比较低。并且准则要求审计师在披露关键审计事项时形成单独一个专门的段落作为它们的位置，处在审计报告中的第三大段落，紧跟审计意见段和形成审计意见的基础段之后，位置相对靠前，突出其在审计报告中的重要作用。采用"关键审计事项"的段落主标题和适当的子标题，依次描述和披露关键审计事项和应对这些事项的审计程序，并在配套应用指南中给出了关于关键审计事项披露位置和标题的范例，以供参考。

准则及其应用指南要求审计师采用恰当的语言描述关键审计事项，并注意以下事项：首先，在关键审计事项尚未得到解决的情况下，审计师不能形成审计意见。其次，应结合被审计单位的具体情况，运用审计师的职业判断来确定关键审计事项，避免出现标准化或者模板化的事项，除此之外，还应避免为了维持与被审计单位的关系，而导致出现无充分理由不披露、少披露重要事项以及多披露非重要事项来替代披露重要事项来敷衍准则规定等情况，襄助使用者正确理解和认识到关键审计事项的重要性，以及其与审计报告中其他要素之间的关系，避免产生不必要的误解。

从我国审计报告的修订内容来看，修订和新增的内容与国际审计报告准则基本一致，其中最重要和最核心的变化便是在审计报告中沟通关键审计事项，主要目的是为了回应财务报表使用者对标准审计报告模式的质疑，以及保持审计准则的国际趋同，以期通过在审计报告中沟通关键审计事项信息与审计师执业过程信息，为使用者判断审计质量提供决策有用的增量信息，包括被审计单位高风险信息、重大交易和事项信息、涉及重大判断和估计的信息以及审计过程信息的了解。关键审计事项准则及其应用指南是以基本原则为导向的，仅在披露原则上作出了强制规定，而在具体披露细节上则赋予了审计师较大的灵活性，如披露数量、事项类型、段落长度等方面并无明确规定，便于他们发挥更大的自主性。

第二节　理 论 基 础

一、信 息 不 对 称 理 论

信息不对称理论主要阐述在资本市场中，信息使用者之间因为所拥有的信息的数量和质量是迥异的，会导致他们的行为和经济后果的不同，即信息优势一方可能会通过拥有的信息优势获取额外的经济利益，而信息劣势一方的经济利益也因此可能会受到损害。这个理论是在 20 世纪 70 年代由三位美国经济学家提出的,他们也因为对经济领域的重大贡献而于 2001 年获得诺贝尔经济学奖。

传统的经济学理论假设显然与真实的资本市场相去甚远,它假设每个市场参与主体都可以获取全部的市场信息,并能够依据信息和自身的智力和知识等作出完全理性的决策,即资本市场是完全有效的,但我们知道市场参与主体不可能拥有全部市场信息,即使能够拥有全部市场信息也无法有效地使用它们,何况他们本身的理性也是有限的。产生信息不对称的市场参与主体情形一般包括:一是产生于企业信息提供者或者卖方与信息使用者或者买方之间;二是产生于信息使用者与信息使用者之间。一方面,企业信息提供者或者卖方具有更多的信息优势,对商品的信息掌握得更清晰,而信息使用者对商品信息不了解或者不够了解,而使自己处于信息劣势一方;另一方面,市场经济本身不能够生产出足够的信息,并有效地配置这些信息,即资本市场中信息使用者掌握的信息的数量和质量也会有差异,比如有更多信息渠道的信息使用者,就比只有较少信息渠道的信息使用者更具有信息优势。

道德风险和逆向选择是第一种情形经常导致的问题。在资本市场中道德风险常见于代理问题之中。所有权与经营权的分离导致委托人从企业经营活动中抽身出来,便无法精确衡量受托人的履行契约情况,即使能够精确衡量,成本也过于高昂,不符合成本效益原则。由于委托人和受托人的目标函数不同,受托人在追求自身利益最大化时,有动机和可能伤害其委托人的切身利益,而无法完全履行对委托人的契约要求。逆向选择较为经典的例子是"劣币驱逐良币"的古代货币市场、"二手车市场"和"经理人市场"等。它们都会降低市场运行效率和信息效率,可能还会导致市场的混乱和消失。在第二种情形中,有更多信息渠道的信息使用者愿意跟只有较少信息渠道的信息使用者进行市场交易,这样就可以获得更多经济利益。

信息不对称问题只能在一定程度上缓解,不能完全消除。针对信息不对称的第一种情形,从企业层面来说,约束信息优势方行为的方法是通过制定各类企业内部契约；从国家层面、市场层面和行业层面来说，缓解市场信息不对称问题需要一系列的信息披露政策，比如强制审计制度、财务信息强制披露制度等。而信息使用者与信息使用者之间的信息不对称问题，可以通过"从价格中学习"的方法或者寻求专业信息中介的方法来予以缓解，关键问题是信息使用者的弱势一方是否会基于成本效益原则来尝试上述两个方法获取信息。

二、可信来源效应理论

作为最古老的传播学研究领域之一，对"来源可信度"的探讨和研究最早能够溯源至西方哲学的幼年时期——星汉灿烂的古希腊哲学时代，"可信度"的内涵也是脱胎于这一时期的修辞学。苏格拉底、柏拉图和亚里士多德等先贤为"可信度"领域的研究都不同程度地贡献了自己的聪明才智，其中亚里士多德把这方面的研究与他在其他哲学领域的研究融会贯通，通过持之以恒的艰苦思考，成为这一领域的集大成者，对后世影响最大。他在修辞学中提出了 ethos 一词，认为讲演者应该具备智力、品德和善意三个要素的 ethos，方能赢得听众的信服感，使自己的思想得以善意和有效传播。虽然他的观点只是讨论讲演者的智力和品德问题，但为后来的"来源可信度"研究开创了先河，而且他的讨论中也没有涉及恶意的讲演者可能会利用社会公众的人性弱点和偏见，以及利用古斯塔夫·勒庞在《乌合之众》一书中所阐述的群体以及群体心理的特征来而实施"极具欺骗性"的"毒苹果"式思想兜售，也能暂时性麻痹听众，使其"信服"。《乌合之众》极为精彩地描述了集体心态："当个人是一个孤立的个体时，他有着自己鲜明的个性化特征，但是当这个人融入群体后，他的所有个性都会被这个群体所淹没，他的思想立刻就会被群体的思想所取代，他就有着情绪化、无异议、低智商等特征"。随着无线广播的广泛应用，第一次世界大战后，24 岁时的哈罗德·拉斯韦尔在其博士论文《世界大战中的宣传技巧》（第二年成书）中阐述了自己的观点，认为宣传是"通过操纵有意义的符号控制集体的态度"的行为，是一场没有硝烟的战争。宣传者可能是"无德"和"恶意"的，比如，希特勒在德国的崛起之路。似乎在某种程度上补充了亚里士多德未涉及的研究部分，也使得哈罗德·拉斯韦尔本人被奉为传播学"四大奠基人"之一，这本书被后世称为"美国传播学的开山之作"。基于新媒体的不断涌现和崛起，再加上哈罗德·拉斯韦尔这本著作的深远影响，社会精英们获得了支配社会和维持权力的又一个重要方法：通过新媒体对社会大众进行铺天盖地的宣传，来影响和说服他们。不过类似的研究渐渐开始转向"媒介可信度"的研究了。第二次世界大战后，耶鲁大学的霍夫兰教授与其同事在"来源可信度"方面的研究比较有代表性。他们开始关注说服传播效果的问题，即社会大众的信息获知和态度转变是如何受到"来源可信度"高低的影响。"来源可信度"是指信息来源被社会大众认为值得信赖和能够胜任的程度，即可信赖性（传播者被认为愿意提供事实真相的程度）和专业性（传播者被认为能够提供有效信息的程度）。除此之外，霍夫兰等研究者认为传播者的动机和意图也是可信度的重要要件，他们认同亚里士多德有关"善意"构成 ethos 要件的观点，因为当受众感觉到传播者希望通过传播来获取某种利益或者怀有特定的劝服动机时，其可信度就会下降（Hovland et al.，1953）[1]。

就上述"来源可信度"的定义和构成要件来看，当信息可信度高时，接收的人更愿意去相信，反之则绝对不愿意轻易相信，由此可以看出，信息的可信度会影响人们的决定，影响他们的行为模式。在权威的信息情境下人们的行为往往会相对冒险，倾向于提高收益；而非权威的信息情境下人们的行为会相对保守，倾向于降低损失，即他们根据信息来源的权威性来作出自己相对应的决策。即便是来源于不同渠道的信息内容和性质别无二致，人们也倾向于选择相对权威性的信息源。并且霍夫兰还提出了休眠理论，又称睡眠效应或信息振幅效果

---

[1]　Hovland, C. I., Janis, I. L., Kelley, H. H., Communication and persuasion: Psychological studies of opinion change (New Haven, Connecticut: Yale Univer-sity Press, 1953).

定理，是指信息源的可信性在短期内能够影响传播的效果，但从长远角度来看，信息传播效果完全是由信息自身的质量所决定，而不受其信息来源的影响。

三、有限关注理论

人们赋予特定事物的关注力是建立在减少关注其他事物的基础上的，所以关注力（注意力）是一种稀缺的有限认知资源（Kahneman，1973）。因为有限的时间、精力和知识以及对信息的收集和处理成本等因素制约了投资者所能获取和解读的信息量，使得投资者难以充分利用市场信息进行决策，因此愿意购入的股票实际上只是能够吸引其注意力的股票"选择集合"（Aboody，2010），即资本市场上存在着"有限关注"这一现象（Shiller，1999）。实验研究结果表明在进行投资决策时，投资者往往会忽略那些有用但难以被注意到的信息，而经常利用能引起他们注意但无用的信息，从而导致决策偏差，进而造成股票价格和价值的偏离（Rosa and Durand，2008）。这就形成了资本市场中的一个重要议题：投资者如何在盈千累万的信息洪流中有效分配有限的关注力？

已有研究表明，注意力有限的投资者对赋予信息的关注力和由此导致的信息扩散速度，受到信息的形式、层次、数量、强度和内容差异等方面的显著影响。首先，相较于复杂、晦涩的财务信息，注意力有限的投资者更倾向于跟踪解读简单、突出和易于传递的财务信息，并且资产价格能够迅速而准确地吸收这类信息（Hirshleifer and Teoh，2003），并且"分心假说"也指出在相同的时间内需要处理的信息数量越多，投资者对信息的解读和扩散速度越慢（Hirshleife et al.，2009），比如投资者对市场信息和行业信息的关注度要高于公司层面的信息，原因就在于相较于数量庞大的公司层面信息，市场信息和行业信息数量要少得多，这也是为什么会出现同行业内股价同步性的原因。即信息形式越复杂、数量越多，解读信息所消耗的注意力就越多，信息的扩散速度也越慢。其次，一般而言，信息强度和内容差异越大，越可能引起投资者的关注。

资本市场信息披露的形式、数量和内容差异势必由于审计报告中增加披露关键审计事项而改变，审计信息披露制度的变迁能够释放出公司更多异质性信息，吸引更多投资者和分析师有限的注意力，进而改变他们的行为方式，因为相对完善的审计信息披露制度（规则）能够给予市场参与者更确定的预期，增强他们参与市场经济活动的信心。哈耶克指出人在自发秩序面前是可以认识、利用自然规律的，有限理性和关注力带给人类的束缚，使他们明白抽象规则的重要性和遵循抽象规则的重要性，从而制定抽象规则用来明确对未知事物和瞬息万变的事物预期。

四、风险感知理论

风险感知（risk perception）的含义来源于心理学，它是由一系列的个体心理活动构成，反映人们对外界风险事件的认知与评估，并最终通过人们的行为决策体现出来。该领域的理论研究可以追溯到 20 世纪 60 年代。已有研究表明，个体对风险的承受度，受到包括风险可能带来的收益大小和人们的主观尺度两个因素的影响，奠定了之后风险感知理论研究的坚实基础，主观尺度的不同导致每个人对风险的感受也各不相同，而可以量化和预测这种风险，并且由于受到个体内心的风险评估标准、认知结构以及外部环境的影响，它并非亘古不变，而是一个不断变化和持续修正的过程①②③。我们由上述内容可以看出，风险感知具有较为复杂的交叉性。

---

① Langford I H, Marris C, McDonald A L et al. Simultaneous analysis of individual and aggregate responses in psychometric data using multilevel modeling [J]. Risk Analysis, 1999, 19 (4): 675 – 683.

② Slovic P, Macgregor D, Kraus N N. Perception of risk from automobile safety defects [J]. Accid Anal Prev, 1987, 19 (5): 359 – 373.

③ Starr, C. Social Benefit versus Technological Risk [J]. Science, 1969, 165 (3899): 1232 – 1238.

由于风险感知具有很强的复杂性和交叉性，因而其影响因素也相对比较繁芜。具体而言，它的主要影响因素包括：（1）个体特征。个体的知识储备、生活和学习经验、性格和情绪都会影响到个体对风险的感知，进而影响其行为决策。第一，个体可以借助自身长时间累计下来的知识和生活与学习经验来提升对风险的认知能力，以便更清晰周密地认知和评估风险及其可能产生的后果。第二，性格是个体对现实的稳定态度和习惯化了的行为方式中表现出来的人格特征，它决定了个体思想关注的重点与日常行为方向，进而影响人们对风险的感知。如果人们对风险评估较低，便会采取相对激进和冒险的策略和决策；反之，如果人们对风险评估过高，便会采取更加谨慎的策略和决策。第三，人们的情绪大致包括十种不同的状态，又可以把它们归为两大类：积极情绪和消极情绪，不同的情绪状态会造成人们对风险的不同认知[1]。当个体处于消极情绪时，风险事件给其造成的相关成本和损失较高；反之，当个体处于积极情绪时，风险事件给其造成相关成本和损失较低（侯言菊，2013）。（2）风险度。所谓风险度就是某一事件发生的不确定性。风险度通过风险发生概率及其造成的潜在损失来影响个体风险感知水平。如果风险事件发生概率较低且潜在损失也低，那么个体感知的风险水平相对较弱，进而会采取更加激进或冒险的行动；反之，个体感知的风险水平相对较强，进而行动更加保守或者谨慎。并且相对于风险发生概率而言，人们通常会更看重风险带来的潜在损失，甚至会因为较为严重潜在损失结果而忽略风险发生的概率。（3）风险可控度。通常情况下，个体的风险感知在风险可控程度越低甚至风险不可避免时，越倾向于风险不确定性结果中的不利面，来提高风险感知水平。个体的风险感知在风险可控程度越高时，越倾向于风险不确定性结果的有利面以便降低风险感知水平。

披露的关键审计事项通常与财务报表中的高风险领域、涉及重大

---

[1] Izard. C. E. Human emotions [M]. New York：Plenum Press，1977：46-62.

审计判断领域以及重大交易或事项相关，向使用者传递有关经营、财务和内部控制等方面的不确定性，这些信息的披露可能在一定程度上影响使用者的风险感知水平，进而影响其经济决策的作出。

五、制度演化和变迁理论

制度是人类文明结出的众多智慧之花之一，是社会科学的一个共有范畴，各种社会科学都与制度有着内在的联系，人与制度的关系贯穿于社会科学的一条主线；制度是约束和激励人们行为的一种规范，同时它也是一种稀缺要素，不仅资金、劳动力、技术之类的要素短缺会制约经济发展，制度短缺或制度供给的滞后同样会制约经济发展，而且因其"资产专用性"的特征，使得制度的短缺不能由其他要素来替代。同样的生产要素在不同国家的效率差异实质上是一种制度差异，也就是为什么一种体制比另一种体制效率高的原因所在。奥尔森发现，有效的制度是发达国家的共有特点，影响一国经济发展的决定性因素是制度，可见制度对一国的经济发展的重要影响。就与本章的相关性而言，需要重点关注的是制度经济学中制度演化和变迁方面的思想和理论。

（一）制度演化理论

达尔文的进化论无疑对演化经济学的兴起与发展有着深远的影响，不过通过考察思想史的历程来看，我们知道达尔文并不是第一个提出演化思想的学者。达尔文的进化论思想也受到了诸如拉普拉斯和康德的天文学、莱尔的地质学、巴尔的胚胎学、马尔萨斯人口学，以及同时期社会科学领域中孔德、黑格尔和斯宾塞社会演化理论等的影响。早期的苏格兰哲学家们，休谟、亚当·斯密、弗格森以及他们的先驱曼德维尔等人，都在不同程度上意识到，社会系统中存在着一种自发秩序，这种自发秩序是我们理解个人财产权利、契约自由和法律制度等规则的先决条件和变化动因，这其中已经包含了制度演化的观点，并构成了奥地利学派经济理论的核心基石。并且在这些前人研究的基础上，凡勃仑、哈耶克、熊彼特、肖特、霍奇逊、诺思、青木昌彦与斯密德等也开启了"百家争鸣"式的社会制度演化理论研究发展之路。

制度是如何形成的呢？这个问题不仅是一个理论问题，而且涉及制度创新的理念及其方式等问题。当前关于制度形成的力量主要有三种观点：（1）制度是自然演化的结果，如哈耶克；（2）制度是人为设计的结果，这些设计者往往是社会的精英，不少学者持有或在自己的理论分析中暗含着这种观点，他们自觉或不自觉地把制度创新与人为设计联系在一起；（3）制度是自然演化与人为设计结合的产物。

第一种观点的典型代表便是奥地利学派的集大成者哈耶克。哈耶克认为我们不知道也不可能知道足够多的东西以便有意识地设计制度，自发秩序较之任何集中命令所建立的任何秩序，使社会一切成员的知识和技能都能够得到更大程度的利用，更有效率。但哈耶克的观点却遭到了布坎南（1979）的反对，认为哈耶克是"过分乐观者"，因为即使是自发秩序，也涉及两种形式的强制：国家机构实施的法律规则和由社会许可与否决实施的社会规范，并且"看不见的手"过程的博弈论分析并不表明这种过程总会产生有效的结果。所需要的制度可能没有一起建立起来，建立起来的制度也可能实际上是次优的。从博弈论或演进论的观点看，对社会极有利的制度也许不是一个稳定解。

第二种观点与第一种观点形成了鲜明的对比：认为制度是审慎设计的过程。门格尔把设计的制度称为"务实的"制度，而把自发出现的制度称作"有机的"制度。奥地利学派文献中关于务实或设计制度的主要实例来自政府的"积极立法"。哈耶克的"次序"或"人为秩序"包括任何被审慎设计以"服务与设计者目的"的制度，这包括企业、协会以及"所有公共制度，包括政府"。精英式的制度设计的好处是可以缩短自然演化的时间，减少了自然演化中的"试错成本"。按照威廉姆森提出的制度演化的层次划分，审计报告制度应该划入第二层级的制度，即基本的制度环境，威廉姆森称之为"博弈的正式规则"，这个层次的制度演化时间跨度在 10～100 年。

　　实际上，制度演进的整个过程，是自发过程与设计过程紧密互动的过程。纯粹的自然演化和纯粹的人为设计是不存在的，更多的制度来自自然演化与人为设计的结合。可以说，非正式制度一般是自然演化的结果，而正式制度一般是与人为设计联系在一起的。值得指出的是，大多数正式制度是建立在非正式制度基础之上的。这次新一轮的审计报告改革的动力亦是自然演化与人为设计互动的结果，在历史大趋势这个前提下，国际机构和组织感知到审计报告亟须进行审计报告改革，开始推动改革相关工作的开展，期望实现审计报告改革目标，并在世界范围内扩散。

　　人类社会经济系统的演化不仅取决于外部力量的冲击，也取决于系统内部的冲突或者矛盾力量，同时，凡勃仑还相信人类社会经济的演进又体现出不确定性和复杂性，初始条件的微小差异可能会导致迥然不同的结果，这就是为什么在世界范围内，每个国家的社会迥异的原因，也是为什么不同国家在展开审计报告改革以及审计报告改革的时间、内容等上出现差异的原因。

　　演化制度变迁理论的前提假设是建立在人的有限理性和信息分散、连续上的，经济的均衡是暂时的而非长期的。社会经济的不同发展阶段，审计报告经历了从非标准审计报告—标准审计报告—融入非标准信息的标准审计报告这样一个过程。一方面，这一变迁过程取决于人的学习过程，而学习对人的心智结构的修改或重新界定。心智结构决定了认知主体对客观环境的看法或解释，它是个体认知体系的内在描述，表现为个体的信仰结构。以国际鉴证与审计准则理事会发布《邀请评论：改进审计师报告》为例，发布这一报告是提出审计报告准则的修订方向，并邀请监管部门、准则制定部门、行业协会、会计师事务所以及投资者等多方人士，针对涉及的具体问题进行讨论，并吸取多方建议，修改和完善审计报告。国际鉴证与审计准则理事会实施的修订过程，实际上体现的就是学习过程对心智结构的修改或重新界定。另一方面，诺思认为学习不仅是认知主体面对新环境产生的新经验的因变量，它同时还要受到既存信仰结构不断渗入的影响，这就决定了制度变迁存在着路径依赖，具有强烈的历史累积性，即文化传承使现在和未来都同过去相关联。虽然此次审计报告改革在标准审计报告的基础上作出的修改和调整，依然还保留着诸多原有要素，体现的也是路径依赖以及哈耶克提到的：社会演化并不完全表现为熊彼特式的创造性破坏过程，而是更多地体现为细小革新的逐步累积过程，这就意味着一种新知识要上升为"内部规则"是很漫长的。

（二）制度变迁的博弈分析

博弈论是"关于策略相互作用的理论"，是研究两个或两个以上参与者在对抗性或竞争性局势下如何采取行动，如何作出有利于己方的决策及其均衡问题。它提供了一种研究人类理性行为的通用方法，运用这种方法能够更为清晰地分析各种社会力量冲突和合作的形势，具体分析人与人之间在利益相互制约下理性主体的策略选择行为及相应结局。

制度与博弈之间的关系是多方面的，首先，制度是博弈的均衡，人与人之间的相互博弈会形成制度或制度体系，日本学者青木昌彦在诺思的观点基础上，把制度定义为"是关于博弈如何进行的共有信念的一个自我维系系统"；其次，制度是多样化的，通常情况下，人与人之间的博弈或相互作用是在先前的正式和非正式的制度安排下进行的，也就是说人的行为或多或少受到制度的约束。并且制度会随着时间、技术、偏好等其他因素的变化而发生改变，人们发现有更有效的制度取代现有制度，就会出现制度变迁的可能。所以，制度变迁的过程也是一个社会主体之间的博弈过程。

按照诺思的定义，制度均衡是指在给定条件下，现存的制度安排的任何改变都不能给任何个人或团体带来额外的收入。而制度的非均衡是指社会主体对现存制度的一种意欲改变而又未改变的状态。在制度非均衡状态下，存在一种可供社会主体选择并从新的制度安排和制度结构中获得盈利机会，这个盈利机会表现为：从中得到的净收益或节约的交易费用高于从现存制度中得到的净收益或节约的交易费用，甚至是在新的制度安排和制度结构下，净收益和节约的交易费用均上升，这时就会产生新的潜在的制度需求和供给。科斯认为有效的制度安排可以大大地拓展一个国家或地区的生产可能性边界。沿着科斯的思路，我们可以发现，人类社会中许多文明、习俗、意识形态等都与交易费用有关，好的文明、习俗及意识形态可以降低交易费用；反之，就会增加交易费用。

很显然，影响制度需求和制度供给的因素也是决定制度均衡和制度非均衡的因素，因而导致制度非均衡的原因也是多方面的：要素和产品相对价格变化、市场规模的变化、技术的进步、偏好变化、知识积累、制度选择集合的变化、其他制度安排的变迁以及随机因素的扰动或冲击。这些因素的变化都会在一定程度上改变原有制度安排或制度结构下的收益总量或收益分配方式，因而相关博弈主体的利益也会相应地发生改变，从而使得原有制度均衡变成非均衡，人类社会就是在制度均衡与非均衡的交替变换过程中曲折地进步与发展的。

我国审计报告制度的变迁虽然存在着从国际上学习、借鉴与采用的过程，但是国内的审计报告制度变迁发生的条件却是和国际上其他国家的制度变迁存在着许多相似之处：相关社会主体意欲改变标准化审计报告的格式、语言，增加审计报告的信息含量，在不断与信息供给方和制度供给方的博弈中，实现了这一意欲，推动了审计报告制度变迁。并且这种世界范围内的学习、借鉴与采用其他国家和国际组织的制度的现象是屡见不鲜的。

六、分析师相关理论概述

（一）分析师的重要性

众所周知，信息的充分披露和有效传播可以降低资本市场信息不对称程度、提高资源配置效率。企业被要求强制披露的信息与自愿披露的信息以及由信息中介（分析师和新闻媒体等）提供的信息共同组成了资本市场的主要信息来源。一般来说，由于企业被要求强制披露信息与自愿披露信息的专业性较强，再加上企业部分私有信息并未披露，就客观地产生了对信息中介的强烈需求。分析师是资本市场发展到一定阶段的产物，是信息加工者和价值提供者，作为重要的信息中介，其相对于普通投资者的优势在于：一定的信息收集能力和信息的渠道；专业的技能、较高的信息解读与分析能力。具体而言，分析师的功能主要体现在以下三个方面：回顾分析、私有信息搜寻和前瞻性信息分析，利用自己的专业能力分析回顾企业披露的信息，并将其转化成更容易被普通投资者理解的信息；搜集企业私有信息，提高信息供给量；对企业前景进行展望，向投资者提供专业性的投资建议。总体而言，分析师的这些行为可以加速资本市场中信息的流动、提高信息的可理解性，对资本市场资源配置效率的提高发挥积极作用。已有研究指出分析师不但具有信息中介的职能，也具有一定企业外部治理作用。

综上所述，分析师在资本市场上的重要性主要体现在以下方面：一是分析师挖掘私有信息、解读已有信息、生产新信息和传播信息，进而发布预测和投资推荐，从而提高资本市场信息效率，进而促进要素市场的流通效率，并且一定程度上对企业起着外部治理作用；二是分析师的预测通常能够被作为整体市场预期和态度的代表，其发布的多期盈余预测可以用来估计公司的真实价值和计算公司合理的资金成本，这对投资者决策、公司运营和学术研究都具有相当重要的意义。

（二）分析师的决策过程

分析师根据自身收益成本函数进行投入和产出的权衡过程即是其决策过程。已有研究结果表明，企业财务报告信息是分析师预测所依据的主要信息来源，平均占到信息来源的50%左右：盈余信息和股利信息（Denis et al.，1994）、管理当局讨论与分析和企业的部门报告（Healy et al.，1999）等，既会利用企业历史资料，也会利用其预测资料。其中，分析师对企业管理层当期预测的依赖程度与以前年度管理层的盈余预测质量显著正相关（Williams，1996）。并且除了公共信息之外，分析师还会利用未公开的私有信息，对公共信息和私有信息的使用偏好上，一般来说分析师使用的私有信息占比与企业的信息不对称程度显著正相关（Barron et al.，2001），以提高预测质量和自身声誉。

发布盈余预测信息是分析师的主要产出，盈余预测除了对会当期的盈余预测和进行多期盈余预测外，也会对企业销售收入、未来的现金流量、财务状况、发展趋势、行业未来前景以及宏观经济对行业的影响等项目做出预测。其中，对未来的现金流量进行预测能够提高分析师盈余预测准确性，而且发布公司未来现金流量预测的频率与企业信息不对称性程度显著正相关（DeFond and Hung，2003）。一般来说，分析师通常会基于自身的行业经验、跟踪同行业企业的溢出效应和优化自身收益函数的考虑，进而提高预测信息的可靠性和有用性，会跟踪同行业的企业，将跟踪企业的行业属性波动降到最低。分析师根据可利用的信息发布预测后，随着掌握信息的增多和更迭，会对以前发布的预测信息进行多次修正。

（三）分析师的监管环境

从掌握信息的角度来看，相对于普通投资者，分析师处于信息优势地位，所以分析师也会出现道德风险，也是为什么其独立性和客观性一直受到市场质疑的原因，与资本市场中的审计师这又一信息中介面临的情势极其类似。各国政府和监管部门都制定了针对分析师行业和分析师的政策法规，目的是保障该行业的健康发展以及规范分析师的行为。其中，《公平披露条例》和《全面和解协议》是国际上比较著名的两个法案。

2000年，美国证券交易委员会（SEC）在《公开披露条例》中明确禁止向选择性披露，要求公司全面公开地进行信息披露，保证所有投资者同一时间、同等机会获取信息，禁止对披露对象进行特定的选择，用来避免分析师因为与企业关系的维护和保持，而损害自身独立客观的执业态度，最终目的是维持资本市场整体的公平和诚信。在

《公开披露条例》生效之前，美国没有相关法律规制明确禁止公司信息内幕人士向市场专业人士（如分析师和机构投资者等）选择性披露重要的非公开信息。该条例实施以后，由于企业管理者和投资者之间的信息不对称程度降低，分析师获取信息的机会与时间和普通投资者都是相同的，这也减少了分析师获取私有信息的渠道。因此，分析师的跟踪对象发生了显著改变，更愿意跟踪一些以前未曾关注过的公司，以便凸显他们较高的专业能力。相较于以前，他们也愿意花费更多的时间进行私有信息的收集，其预测质量也确实显著提高了。并且市场投资者之间获取信息的机会也更加平等了，有助于降低投资者与投资者之间的信息不对称。

　　由于分析师的预测报告与投资银行业务之间具有一定的关联性，这种利害冲突使其独立性和客观性受到严重损害。为了降低分析师受到来自投资银行的压力和利益冲突，美国几个相关机构以及纽约总检察长在 2002 年签订了《全面和解协议》，其主要目的是构建分析师和投资银行部门之间的隔离制度。纽约证券交易所（NYSE）隔离规定要求投资银行业与研究部门分离，并且分析师被要求在发布的研究报告中公布所属券商的客户群里是否有被跟踪的公司、其收入是否与投资银行相关、是否在被跟踪企业担任职务等。这些隔离规定较大地改善了分析师的预测，尤其是预测误差大大降低了。

　　中国资本市场也出台了相应的行业法律规则，比如《证券法》的相关规定。2011 年 1 月 1 日起施行的《发布证券研究报告暂行规定》和《证券公司信息隔离墙制度指引》。《证券法》中明确规定："禁止证券交易所、证券公司、证券登记结算机构、证券服务机构、证券业协会、证券监督管理机构及其从业人员和工作人员，在证券交易活动中传播虚假、不实、误导性信息。"《发布证券研究报告暂行规定》明确规定："证券公司、证券投资咨询机构应当明确管理流程、披露事项和操作要求，建立健全与发布证券研究报告相关的利益冲突防范机制，公平对待发布对象，防范发布证券研究报告与其他证券业务之间的利益冲突，禁止从事或者参与操纵证券市场活动、内幕交易以及信息误导或者虚假陈述行为。"《证券公司信息隔离墙制度指引》为了防范管理利益冲突和内幕交易，也对证券公司建立起健全信息隔离墙制度作出了明确规定。

七、理论基础评述

上述六个方面的理论基础研究是本书进行后续章节研究的理论支撑，严格来说，它们之间并非仅仅只存在着平行并列的关系，有的理论之间还存在着因果逻辑关系，希望本部分的评述能够建立起它们的有机互动联系，以期为本书提供更有说服力的理论支撑。

信息不对称理论的研究目前来看是比较成熟的，涉及了造成信息不对称问题的各个方面，包括客观因素和主观因素。客观方面主要包括，信息和知识的爆炸式增长带给信息使用者的困扰；信息传播技术的进步会使失真的信息传播加快，带来更严重的影响；信息传播距离和信息传播时滞的扩大也是造成信息不对称的重要原因。主观方面主要包括，信息使用者由于受到生理限制、认知能力限制、动机因素以及它们之间相互作用的影响，对信息的处理能力有限；利益的冲突、权利以及注意力的有限性给信息使用者造成的限制等，其中有限关注理论便是其中之一；信息生产者和传播者的恶意隐瞒、生产和传播等"失德"行为带来的信息不对称问题。

可信来源效应理论与信息不对称理论也有着千丝万缕的联系。由于客观因素和主观因素共同造成的信息不对称问题，也确实给信息传播的效果带来了极大的影响。而可信来源效应就是从信息不对称问题的主观方面入手，研究信息的传播效果，亦即信息传播者的专业性、道德性和权威性。特别是第二次世界大战后，耶鲁大学的霍夫兰教授与其同事对"来源可信度"高低对受众的信息获知和态度改变两个方面的影响研究，也就是和劝服传播效果之间的关联。"来源可信度"是指信源被受众认为值得信赖和能够胜任的程度。它主要包括两个维度：专业性和可信赖性。当然，可信来源效应理论也提到了"媒介可信度"

的问题，也就是"信息传播工具"，如果信息的生产者和传播者的"失德"，刻意欺骗公众，那么"信息传播工具"的技术进步便会"助纣为虐"，会产生比"信息传播工具"落后的情况下更加严重的后果。

风险感知理论也是从客观方面和主观方面来进行研究和分析的，比如客观方面的事件风险度和风险的可控程度，以及主观方面的市场参与者的个体特征：个体的知识结构、生活经验和性格等。各式风险和信息不对称状态是客观存在的，加上主观方面的知识结构、生活经验和性格的种种局限，都使得风险不能消除，但是可以采取措施应对，那么市场参与者对资本市场中信息的风险感知便会如影随形般地影响着他们的经济决策。

不同制度的优劣比较中的一个重要体现便是信息效率（包括生产信息的效率、分析处理信息的效率和传播信息的效率等）的高低，而制度的演化和变迁也就自然体现为能提升信息效率的制度替代信息效率低的制度，虽然在人类历史长河中存在过制度倒退和内卷化的情形，但毋庸置疑的是信息效率制度的演化和变迁的总体趋势却是螺旋式的上升的，人类历史的演化和变迁也如是。制度的倒退和内卷化的原因一方面是由于路径依赖和缺少产生学习效应的宏观政治经济制度环境（如第三世界中的落后国家，深陷战争和贫困的泥淖，不能自拔），或者闭关锁国；另一方面是由于缺少外部优秀文化的强烈冲击。内部独立孕育新制度的缓慢性，有历史因素，也有地理因素，曾经文明的长期先进性和地理环境的优越性常常会带来一种心理惰性和制度惰性，制约国家和社会各方面的发展，这也是制度倒退或者内卷化的主要原因。反之，落后的文明和恶劣与狭小的地理环境可能会激发人们不断开启智慧和迸发革新的动力和勇气，实现逆袭。我国审计报告制度的演化和变迁过程，一方面是学习、借鉴和采用外部文明的过程，另一方面国内在经济的不断发展过程中已经具备了迎接这种演化和变迁的开放稳定环境，这一点对我们是否能够学习、借鉴和采用外部文明至关重要，也对我们是否更好地融入世界经济浪潮中也发挥着越来越重要的作用。

　　资本市场的信息不对称问题，以及投资者受到生理限制、认知能力限制、关注力限制、动机限制以及它们之间相互作用的影响，对信息的处理能力有限，会导致资本市场资源配置效率不高。为了加快资本市场的信息流动，降低信息差距带来的不利影响，分析师行业应运而生。他们利用自己的信息收集能力和信息来源的渠道以及专业的技能、较高的信息解读与分析能力，促进了信息与价值融合机制的形成，而且提高了资本市场信息价值的效率。

第三章

关键审计事项披露对分析师跟踪影响的实证检验

第一节　理论分析与假设提出

标准审计报告模式的信息供给与分析师和投资者的信息需求之间存在着较大的信息差距，造成这种差距的原因在于，标准审计报告模式统一的格式和标准化的语言，限制了较多决策有用信息的披露与沟通，而分析师和投资者想要获得更多与其经济决策相关的信息。基于上述问题，我国财政部 2016 年 12 月批准印发的 12 项注册会计师审计准则，标志着我国新一轮审计报告改革正式拉开了序幕，其中，新增的《在审计报告中沟通关键审计事项》准则是改革内容中最重要和最明显的变化。准则制定者的主要初衷是与国际审计准则以及其他发达国家审计准则改革尽快趋同，增加审计报告的信息含量，通过使注册会计师披露更多公司个性化信息和审计过程信息，试图同时解决标准化审计报告信息含量不足和财务报告信息过载带给使用者的困扰。对关键审计事项披露的经济后果进行分析，不仅对企业自身生存发展具有重要意义，而且还能够帮助公司利益相关者更全面地认识关键审计事项披露对资本市场资源优化配置的重要作用，也能够在保护投资者利益、完善资本市场信息披露制度以及持续有效推进审计报告改革工作方面发挥一定的积极作用。

　　关键审计事项披露的经济后果研究成果已逐渐增多，英国资本市场的证据表明：关键审计事项披露及其披露的详细程度与异常交易量显著正相关，与古铁雷斯等（Gutierrez et al.）的研究结论相反[1][2]。科勒等（Köhler et al.）实验研究发现准则实施对专业投资者有显著影响，这一观点与克里斯坦森等（Christensen et al.）和张继勋等（2014）的结论相反[3][4][5]。雷诺克斯等（Lennox et al.）研究发现审计报告信息披露日前后的短窗口期内股票异常交易量和超额累计收益均无显著变化，可能的原因在于审计报告披露之前，投资者已从其他渠道获得了大多数信息，这一结论与里德等（Reid et al.）的结论不尽相同[6][7]。有学者研究认为虽然存在着信息披露粗略和内容模板化问题，审计信息差距在关键审计事项披露之后还是得到了某种程度的弥合，能够实现准则制定者最初的期望（冉明东等，2017；路军等，2018）[8][9]。王艳艳等（2018）发现关键审计事项准则实施这一事件能够显著提高公司的

　　① Gutierrez, E. F., M. Minutti – Meza, K. W. Tatum, M. Vulcheva. Consequences of Adopting an Expanded Auditor's Report in the United Kingdom. Review of Accounting Studies（Forthcoming），2018.

　　② Reid, L. C., J. V. Carcello, C. Li, T. L. Neal. Are Auditor and Audit Committee Report Changes Useful to Investors? Evidence from the United Kingdom. Work-ing Paper, 2015.

　　③ Christensen B, Glover S, Steven M, Wolfe C. Do Critical Audit Matter Paragraphs in the Audit Report Change Nonprofessional Investors' Decision to Invest? ［J］. Auditing：A Journal of Practice and Theory, 2014, 33（4）：71 – 93.

　　④ 张继勋，韩冬梅. 标准审计报告改进与投资者感知的相关性、有用性及投资决策——一项实验证据 ［J］. 审计研究，2014（3）：51 – 59.

　　⑤ Köhler, A. G., N. V. S. Ratzinger – Sakel, J. C. Theis. The Effects of Key Audit Matters on the Auditor's Report's Communicaitve Value：Experimental Evidence from Investment Professionals and Non – Professional Investors. Working Paper, 2016.

　　⑥ Lennox C, Schmidt J, Thompson A. Is the Expanded Model of Audit Reporting Informative to Investors? Evidence from the UK ［J］. Working paper, 2017.

　　⑦ Reid, L. C., J. V. Carcello, C. Li, T. L. Neal. Are Auditor and Audit Committee Report Changes Useful to Investors? Evidence from the United Kingdom. Working Paper, 2015.

　　⑧ 路军，张金丹. 审计报告中关键审计事项披露的初步研究——来自"A + H"股上市公司的证据 ［J］. 会计研究，2018（2）：83 – 89.

　　⑨ 冉明东，徐耀珍. 注册会计师审计报告改进研究——基于我国审计报告改革试点样本的分析 ［J］. 审计研究，2017（5）：62 – 69.

累计超额收益率，且这种关系在"四大"审计等的公司中更明显，与雷诺克斯等（Lennox et al.）的研究结论存在较大差异[1][2]。鄢翔等（2018）发现 A 股公司与"A + H"股公司共享审计师的外溢效应在关键审计事项准则实施后能显著提高审计质量，且这种关系在非国企、注册地制度环境较差等的公司中更为明显。李延喜等（2019）发现公司应计盈余管理水平受到关键审计事项准则实施及关键审计事项披露数目显著负向影响，与杨明增等（2018）的研究结论一致[3][4][5]。张子健等（2019）发现 A 股投资者对关键审计事项披露的反应要比 H 股投资者相应的反应要更积极。由于关键审计事项关注的主要是公司高风险领域、重大审计判断领域和重大交易或事项领域，这就可以通过向投资者披露其之前可能未充分关注的风险信息的方式，提高投资者对公司的风险感知偏差（Gilbert and Vanghan，1998）[6][7]。对于关注力有效的投资者来说，相较于信息量浩大的财务报告，在某种程度上起强调作用的关键审计事项更能提示投资者重点关注公司的重大错报风险（Sirois et al.，2017）[8]。

① Lennox C，Schmidt J，Thompson A. Is the Expanded Model of Audit Reporting Informative to Investors？Evidence from the UK［J］. Working Paper，2017.

② 王艳艳，许锐，王成龙，等. 关键审计事项段能够提高审计报告的沟通价值吗？［J］. 会计研究，2018（6）：86 – 93.

③ 李延喜，赛骞，孙文章. 在审计报告中沟通关键审计事项是否提高了盈余质量？［J］. 中国软科学，2019（3）：120 – 135.

④ 鄢翔，张人方，黄俊. 关键事项审计报告准则的溢出效应研究［J］. 审计研究，2018（6）：73 – 80.

⑤ 杨明增，张钦成，王子涵. 审计报告新准则实施对审计质量的影响研究——基于2016 年"A + H"股上市公司审计的准自然实验证据［J］. 审计研究，2018（5）：74 – 81.

⑥ 张子健，李小林. A 股与 H 股市场对关键审计事项反应的比较研究［J］. 南京审计大学学报，2019（4）：11 – 21.

⑦ Gilbert R. A. and M. D. Vaughan. Does the Publication of Supervisory Enforcement Actions Add to Market Discipline？［J］. Research in Financial Services，1998：259 – 280.

⑧ Sirois L P，Bédard J，Bera P. The Informational Value of Emphasis of Matter Paragraphs and Auditor Commentaries：Evidence from an Eye – Tracking Study［J］. Working paper，2017.

关键审计事项披露对分析师跟踪的影响。学者们普遍认为分析师跟踪人数可以作为信息环境数量的代理变量（Lang et al.，2003），能有效改善公司的信息环境，并能够衡量市场对企业的关注程度①②。分析师可能潜在地被公司的某种特征所吸引，或对某一类公司更具偏好，他们跟踪公司是一种选择性行为。以下是本书对分析师跟踪的影响因素方面文献的回顾，主要包括公司信息披露方面以及其他方面。相比于信息披露政策较少、信息环境和信息披露质量较差、对中小投资者保护不力的公司，如果公司信息披露政策较多、信息环境和信息披露质量较好、对中小投资者保护有效，就能够降低分析师在搜集信息过程中所耗费的成本，而且可能增加对分析师报告的需求，所以分析师会愿意多跟踪这类公司，同时也能提高他们盈余预测上的准确性，为分析师赢得较高的声誉③④⑤⑥⑦。作为上市公司的信息发布渠道，新闻发言人能够显著增加分析师跟踪的概率和频率，原因在于该机制提升信息透明度和保护利益相关者的知情权等方面的重要作用⑧。企业的社会责任报告的信息、较高的盈余平滑程度、较低的盈余操纵和财务重述、应计信息含量较高、会计信息可比性程度较高的财务报告和利润表中的公允价值信息能够显著提升分析师的跟踪数量和

①②⑤　Lang M. H.，Lins，K. V.，Miller，D. P. ADRs，Analysts，and Accuracy：Does Cross Listing in the United States Improve a Firm's Information Environment and Increase Market Value?［J］. Journal of Accounting Research，2003，41：317 – 345.

③　白晓宇. 上市公司信息披露政策对分析师预测的多重影响研究［J］. 审计研究，2009（4）：92 – 112.

④　Bushman，R.，Chen，Q.，Ellen Engel and Smith A. Financial Accounting Information，Organizational Complexity and Corporate GovernanceSystem［J］. Journal of Accounting and Economics，2004，37：167 – 201.

⑥　Lang M. H.，Lundholm R. J. Corporate Disclosure Policy and Analyst Behavior［J］. Accounting Review，1996，71（4）：467 – 492.

⑦　Lobo，G. J.，Song，M.，Stanford，M. Accruals Quality and Analyst Coverage［J］. Journal of Banking & Finance，2012，36：497 – 508.

⑧　周泽将，杜兴强. 新闻发言人、财务分析师跟踪与信息透明度［J］. 商业经济与管理，2012（11）：82 – 90.

预测频率①②③④⑤。史永和张龙平（2014）发现，分析师跟踪预测公司的频率和预测项目数量在上交所和深交所实施 XBRL 财务报告后显著上升，并且上述关系在机构投资者持股比例较低的公司更为明显⑥。

不同于上述观点的是魏紫（2010）和利亚等（Lehavy et al.）的结论⑦⑧。前者发现，分析师不太愿意跟踪无形资产资本化程度高的企业，因为无形资产资本化程度的增加，意味着财务信息质量有所提高。在这种情况下，投资者对企业未来盈利状况无须费时费力就能够自己进行预测，或者达不到需要专业分析师帮助的程度，因此，导致分析师跟踪的减少。后者则是基于公司向美国 SEC 提交的 10 - K 文件的可读性（readability），发现当报告可读性较差时，投资者在理解报告时需要更多分析师的专业建议。因此，当公司 10 - K 报告的可读性越差时，跟踪公司的分析师人数也会越多。除此之外，研究发现公司规模、个股收益与市场收益的相关性、机构投资者持股比例、股票波动性、研发支出和广告支出比例、股票交易量、公司成长性、经营质量、经营风险、治理结构、治理信息发布量、多元化水平、股权激励政策、董事会秘书职业背景以及其他一些因素也会显著影响分析

① 陈露兰，王昱升. 证券分析师跟踪与企业社会责任信息披露——基于中国资本市场的研究 [J]. 宏观经济研究，2014（5）：107 - 116.

② 范宗辉，王静静. 证券分析师跟踪：决定因素与经济后果 [J]. 上海立信会计学院学报，2010，24（1）：61 - 69.

③ 刘彦来，刘桂琼，杨玉坤. 分析师倾向于跟进社会责任表现好的公司吗？[J]. 上海金融，2014（3）：85 - 89.

④ 马晨，张俊瑞，李彬. 财务重述对分析师预测行为的影响研究 [J]. 数理统计与管理，2013（2）：221 - 231.

⑤ 曲晓辉，毕超. 会计信息与分析师的信息解释行为 [J]. 会计研究，2016（4）：19 - 26.

⑥ 史永，张龙平. XBRL 财务报告对分析师预测的影响研究 [J]. 宏观经济研究，2014（8）：121 - 132.

⑦ 魏紫. 企业无形资产资本化与证券分析师盈余预测：影响机理与制度背景 [D]. 长春：吉林大学，2010.

⑧ Lehavy, R., Li, F., Merkley, K. The Effect of Annual Report Readability on Analyst Following and the Properties of Their Earning Forecasts [J]. The Accounting Review, 2011, 86：1087 - 1115.

师跟踪。

虽然可能会因为存在以下几种情况，导致关键审计事项准则的实施效果受限：（1）审计师出于对独立性或者法律责任等情况的考虑，致使关键审计事项的内容可能出现"样板化"问题，重复其他公司已披露的关键审计事项类型和内容，削弱个性化信息的披露力度；（2）审计师虽然确实能够识别公司年报中的重大特别风险、重大不确定性及重大交易或事项，并酌情确定关键审计事项，但由于存在其他信息披露制度及审计报告披露的滞后性，使用者在获取关键审计事项前，可能已通过其他信息渠道知悉了关键审计事项段中的情形（Lennox et al.，2017），从而导致审计报告提高的信息增量有限；（3）准则中只对关键审计事项披露作了原则性规定，实务中操作仍然具有较大的模糊性，导致其经济后果的不确定性；（4）降低投资者对财务报告信息的信赖度，放弃对公司的投资（Kachelmeier，2014）①②。

但是关键审计事项准则的实施给资本市场提供有效增量信息的可能性会更大一些，且能够实现准则制定者最初的期望（财政部，2016），原因在于：首先，关键审计事项的披露有助于分析师基于自身有限的注意力来关注年报中重要的公司个性化信息，使其信息目标更加明确；其次，关键审计事项准则的规定直接把部分私有信息转变为公共信息，降低了分析师搜集和解读信息的成本，也增加了分析师的信息来源③，说明关键审计事项段披露的内容包含有公司个性化信息；最后，另一个说明关键审计事项段披露的内容包含有公司个性化信息的理由是：公司相关事项如果由管理层披露，可能会被质疑，但由作为独立第三方的审计师来披露的话就会产生可信来源效应，为使用者

---

① Kachelmeier S, Schmidt J, Valentine K. The Disclaimer Effect of Disclosing Critical Audit Matters in the Auditor's Report [J]. Working paper, 2014.

② Lennox C, Schmidt J, Thompson A. Is the Expanded Model of Audit Reporting Informative to Investors? Evidence from the UK [J]. Working paper, 2017.

③ 财政部印发《中国注册会计师审计准则第 1504 号——在审计报告中沟通关键审计事项》等 12 项准则的通知. 财会 [2016] 24 号，2016 年 12 月 23 日.

所信任[①]。综上所述，关键审计事项准则实施可以提高审计报告的信息含量，进而通过这个特征来吸引分析师的跟踪，增加分析师跟踪人数，并为以后章节帮助分析师进一步挖掘和解读公司个性化信息，进而提高其预测准确性以及客观上降低其预测分歧度提供增量信息基础，提高资本市场的信息效率和资本配置效率。

基于以上分析，将本章研究的核心问题用以下四个假设的方式提出：

H3 – 1：限定其他条件，关键审计事项披露之后，分析师跟踪人数会显著增加。

H3 – 2：限定其他条件，披露关键审计事项数目与分析师跟踪人数显著正相关。

H3 – 3：限定其他条件，披露关键审计事项的文本可读性与分析师跟踪人数显著正相关。

H3 – 4：限定其他条件，披露关键审计事项的事项类型也会引起分析师跟踪人数发生显著变化。

第二节　研究设计

一、样本来源及选择

本书选取 2015 ~ 2016 财年作为研究区间（注：对应的分析师跟踪数据均滞后一期），以全部 A 股上市公司作为初始研究样本，并按照以下原则对数据进行筛选和剔除：（1）由于同一分析师或团队在同一年度内对同一家上市公司发布了不止一份研究报告的，本书保留最后一份研究报告的数据（Clement and Tse，2005）；（2）剔除金融行业样本和 ST 类上市公司；（3）将率先试点执行关键审计事项准则的"A + H"

---

① 王木之，李丹. 新审计报告和股价同步性［J］. 会计研究，2019（1）：86 – 92.

股上市公司作为处理组，选择模型所有控制变量作为匹配变量，按照1∶5 的近邻匹配原则，从其他 A 股公司（暂未执行）中匹配对照组样本。剔除未成功匹配的样本后，最终得到处理组样本 98 个，对照组样本 235 个，共 333 个"公司—年度"样本①。

对所有连续变量在 1%～99% 分位上进行缩尾处理，消除异常值对回归结果的影响。本书相关财务数据来自国泰安（CSMAR）数据库，关键审计事项的相关数据由作者根据巨潮资讯网下载的上市公司年报资料手工整理得到。相关数据处理和回归分析均在 Stata14.0 软件中完成。

二、变量定义

本章关键变量主要参考许年行等（2012）、王木之等（2019）和刘会芹等（2019）等的做法，具体衡量如下：

（一）被解释变量

借鉴潘越等（2011）和许年行等（2012）的已有研究方法，分析师跟踪具体用以每年对企业发布盈余预测的分析师人数加 1 后再取自然对数来衡量②③。

（二）解释变量

本章借鉴王木之等（2019）的做法，变量 POST 为年份虚拟变量，关键审计事项披露后（即"A + H"股公司于 2017 年 1 月 1 日起率先执行，对应 2016 年度审计报告）取 1，披露之前取 0；TREAT 为分组

---

① Clement M，Tse S Y. Financial Analyst Characteristics and Herding Behavior in Forecasting [J]. The Journal of Finance，2005，60（1）：307 – 341.

② 潘越，戴亦一，林超群. 信息不透明、分析师关注与个股暴跌风险 [J]. 金融研究，2011（9）：138 – 151.

③ 许年行，江轩宇，伊志宏，等. 分析师利益冲突、乐观偏差与股价崩盘风险 [J]. 经济研究，2012，47（7）：127 – 140.

虚拟变量,处理组取 1,控制组取 0。POST × TREAT 为上述两个变量的交互项,相应的回归系数 β3 是关注的重点,它反映相比控制组公司,处理组公司在关键审计事项披露之后分析师跟踪的变化。若披露之后,被解释变量显著提高,则预计 β3 显著为正;否则预计 β3 不显著。

(三)其他控制变量

根据已有研究(刘会芹等,2018),本章控制了其他可能影响分析师跟踪的因素(X),包括公司规模(Size)、无形资产占比(Itang)、资产负债率(Lev)、公司上一年实际 EPS 超过分析师一致预期值的大小(Aue)(其中,分析师一致预期用所有分析师每年最后一次预测的中位数表示,下同);上市年数(Age)、资产收益率(Roa)、账面市值比(BM)、公司上一年实际 EPS 是否超过分析师的一致预测(Badnews)、机构持股比例(Holder)、公司是否为国企(Soe)以及行业固定效应[①]。

三、模型构建

为了检验假设 H3 - 1、假设 H3 - 2 和假设 H3 - 3,即关键审计事项披露对分析师跟踪行为影响的方向性问题。依据以往学者的研究成果(王木之等,2019)建立模型(3.1)和模型(3.2)[②]。

$$\text{Analyst} = \alpha_0 + \alpha_1 \text{POST} + \alpha_2 X + \sum \text{IND} + \varepsilon \quad (3.1)$$

$$\text{Analyst} = \beta_0 + \beta_1 \text{POST} + \beta_2 \text{TREAT} + \beta_3 \text{POST}$$
$$\times \text{TREAT} + \beta X + \sum \text{IND} + \varepsilon \quad (3.2)$$

模型(3.1)为检验分析师跟踪期前期后是否发生显著变化,其中待检验的系数是 α_1;模型(3.2)为检验关键审计事项披露对分析师

---

① 刘会芹,施先旺.企业战略差异对分析师行为的影响 [J].山西财经大学学报,2018 (1):112 - 123.

② 王木之,李丹.新审计报告和股价同步性 [J].会计研究,2019 (1):86 - 92.

跟踪影响的双重差分模型,其中待检验的系数是 β_3。模型(3.1)和模型(3.2)的变量定义与说明如表 3-1 所示。

表 3-1   **变量定义与说明**

变量符号	定义与说明
Analyst	分析师跟踪,用对上市公司发布预测报告的分析师人数加 1 后再取自然对数表示
POST	关键审计事项披露之后取 1,披露之前取 0
TREAT	分组虚拟变量,若是处理组取 1,控制组取 0
Size	公司规模,用资产总额的自然对数表示
Itang	无形资产占比,用无形资产占总资产的比重表示
Lev	资产负债率,等于负债总额除以总资产总额
Aue	公司上一年实际 EPS 超过分析师一致预期值的大小
Age	上市年数,用上市年数加 1 后再取自然对数计算表示
Roa	资产收益率,等于净利润与总资产之比
BM	账面市值比,等于资产账面价值与市值之比
Badnews	公司上一年实际 EPS 是否超过分析师的一致预测,超过取 0,不超过取 1
Holder	机构持股比例,等于各类机构持股比例之和
Soe	产权性质,若上市公司属于国有企业,则取 1,反之,则取 0

第三节　实证分析与结果描述

一、描述性统计

表 3-2 报告了描述性统计结果。分析师跟踪(Analyst)的均值为 2.456,中位数为 2.485。公司规模(Size)的均值为 24.562,标准差为 1.143,表明不同样本公司的规模存在较大差异。无形资产占比

（Itang）的均值为 0.065，表明样本公司平均信息透明度为 6.5%。资产负债率（Lev）的均值为 0.563，表明平均负债水平为 56.3%。公司上一年实际 EPS 与分析师预测结果比较（Aue）的均值为 - 0.120，表明分析师预测普遍存在着乐观现象。总资产收益率（Roa）的均值为 0.051，表明样本公司的总资产收益率平均值为 5.1%，拥有一定的盈利能力。账面市值比（BM）的均值为 1.727，标准差为 1.246，表明不同公司的资产账面价值与市值之比差异较大。公司上一年实际 EPS 是否超过分析师一致预期值（Badnews）的均值为 0.727，进一步证实分析师预测普遍存在着乐观现象。机构持股比例（Holder）的均值为 5.487，标准差为 4.187，表明不同样本公司被机构持股的比例差异较大。产权性质（Soe）的均值为 0.727，表明样本公司中国有企业占全样本的比例约为 72.7%。此外，样本倾向得分匹配效果较好，表现为处理组与控制组公司各控制变量的均值差异均不显著。

表 3 - 2　　　　　　　　　　　　描述性统计

变量	样本	样本量	均值	标准差	最小值	中位数	最大值	处理组 - 控制组均值差异
Analyst	全样本	333	2.456	0.793	0.693	2.485	3.689	- 0.232 *** (- 2.66)
	处理组	98	2.620	0.682	0.693	2.708	3.689	
	控制组	235	2.388	0.827	0.693	2.398	3.689	
Size	全样本	333	24.562	1.143	20.928	24.685	26.175	- 0.448 (- 1.58)
	处理组	98	24.688	1.039	22.226	25.136	26.175	
	控制组	235	24.509	1.156	21.928	24.507	26.175	
Itang	全样本	333	0.065	0.081	0.000	0.038	0.331	- 0.000 (0.03)
	处理组	98	0.066	0.080	0.000	0.040	0.331	
	控制组	235	0.065	0.082	0.000	0.036	0.331	
Lev	全样本	333	0.563	0.191	0.117	0.599	0.880	- 0.018 (- 0.84)
	处理组	98	0.575	0.171	0.141	0.615	0.815	
	控制组	235	0.557	0.199	0.117	0.593	0.880	

续表

变量	样本	样本量	均值	标准差	最小值	中位数	最大值	处理组 - 控制组均值差异
Aue	全样本	333	- 0.120	0.253	- 1.340	- 0.052	0.380	0.010 (0.32)
	处理组	98	- 0.127	0.251	- 1.340	- 0.050	0.134	
	控制组	235	- 0.117	0.255	- 1.340	- 0.057	0.380	
Age	全样本	333	2.568	0.535	0.693	2.708	3.178	0.073 (1.16)
	处理组	98	2.516	0.515	1.386	2.639	3.178	
	控制组	235	2.590	0.542	0.693	2.773	3.178	
Roa	全样本	333	0.051	0.049	- 0.112	0.045	0.222	0.003 (0.60)
	处理组	98	0.049	0.047	- 0.112	0.045	0.222	
	控制组	235	0.052	0.050	- 0.112	0.045	0.222	
BM	全样本	333	1.727	1.246	0.140	1.330	4.550	- 0.188 (- 1.25)
	处理组	98	1.861	1.253	0.354	1.396	4.550	
	控制组	235	1.673	1.241	0.140	1.308	4.550	
Badnews	全样本	333	0.727	0.446	0	1	1	0.003 (0.06)
	处理组	98	0.724	0.449	0	1	1	
	控制组	235	0.728	0.446	0	1	1	
Holder	全样本	333	5.487	4.187	0.111	4.450	20.420	0.510 (1.02)
	处理组	98	5.127	4.117	0.111	4.005	20.420	
	控制组	235	5.637	4.216	0.199	4.825	20.420	
Soe	全样本	333	0.727	0.446	0	1	1	- 0.098 (- 1.63)
	处理组	98	0.766	0.405	0	1	1	
	控制组	235	0.711	0.460	0	1	1	

注：括号中的数字为 T 值。***、**、* 分别表示在 1%、5% 和 10% 水平上显著。

二、多元线性回归及分析

为了验证关键审计事项披露对分析师跟踪行为的具体影响效应，将变量代入模型（3.1）和模型（3.2）中，多元回归结果如表 3 - 3 所示。

表 3 – 3   关键审计事项披露对分析师跟踪影响的相关检验

变量	（1） 期前期后检验	（2） 双重差分检验	（3） PSM – DID
POST	0.379 *** （3.55）	− 0.102 *** （− 4.17）	0.096 （1.04）
TREAT		− 0.135 （− 1.39）	− 0.034 （− 0.27）
POST × TREAT		0.527 *** （4.17）	0.353 ** （2.28）
Size	0.363 *** （3.42）	0.260 *** （15.42）	0.283 *** （4.67）
Itang	− 2.241 （− 1.18）	0.298 （1.18）	− 0.392 （− 0.56）
Lev	− 0.196 （− 0.22）	0.275 *** （3.09）	− 0.367 （− 1.08）
Aue	− 0.055 （− 0.19）	0.027 （0.46）	− 0.156 （− 0.90）
Age	0.164 （0.96）	− 0.106 *** （− 4.91）	− 0.142 （− 1.81）
Roa	1.095 （0.38）	6.217 *** （18.99）	4.146 *** （3.51）
BM	0.023 （0.23）	− 0.086 *** （− 3.44）	− 0.001 （− 0.00）
Badnews	0.033 （0.20）	− 0.057 （− 1.62）	− 0.070 （0.70）
Holder	0.053 *** （3.18）	0.034 *** （12.31）	0.028 *** （2.84）
Soe	− 0.203 （− 0.99）	− 0.115 *** （− 3.58）	− 0.060 （− 0.58）
Constant	− 6.953 ** （− 2.57）	− 3.861 *** （− 9.40）	− 4.517 *** （− 3.15）

续表

变量	(1) 期前期后检验	(2) 双重差分检验	(3) PSM – DID
Industry	YES	YES	YES
Observations	118	3340	333
Adjusted R^2	0.4799	0.2895	0.3791

注：括号中的数字为 T 值。*** 、** 、* 分别表示在 1%、5% 和 10% 水平上显著。

表 3 – 3 第（1）列报告了关键审计事项披露对分析师跟踪人数的期前期后检验结果，结果显示 POST 的回归系数在 1% 水平上显著为正，说明关键审计事项披露前后，分析师跟踪人数确实显著增加了，但是否是由于关键审计事项披露导致的，还有待进一步的检验；表 3 – 3 第（2）列报告了全样本双重差分检验模型的回归结果，结果显示交互项 POST × TREAT 的回归系数亦在 1% 水平上显著为正，说明关键审计事项披露前后，处理组公司的分析师跟踪人数确实显著增加了，为了消除样本自选择问题，我们对全样本实施 PSM；表 3 – 3 第（3）列报告了关键审计事项披露对分析师跟踪行为 PSM – DID 检验的回归结果，结果显示交互项 POST × TREAT 的回归系数亦在 5% 水平上显著为正。以上结果都表明与 2015 年相比，处理组公司 2016 年在关键审计事项披露后分析师跟踪人数显著增加，说明分析师跟踪人数的增加确系关键审计事项披露导致的。

从表 3 – 3 第（3）列控制变量的回归结果来看，公司规模（Size）的回归系数显著为正，说明公司规模越大，分析师跟踪人数越多，与布伦南和休斯（Brennan and Hughes）和崔玉英等的研究结论一致[1][2]。盈利能力（Roa）的回归系数显著为正，说明公司盈利能力越强，分析师跟踪人数越多，与布珊（Bhushan）和刘会芹等（2018）的研究结论

---

[1] 崔玉英，李长青，郑燕，等. 公司成长、盈余波动与财务分析师跟踪——来自中国证券市场的经验证据 [J]. 管理评论，2014（4）：60 – 72.

[2] Brennan, M. J., Hughes, P. J. Stock Price and the Supply of Information [J]. The Journal of Finance, 1991, 46: 1665 – 1691.

一致①②。机构持股比例（Holder）的回归系数显著为正，说明公司被机构持股越多，机构投资者对公司的盈余管理行为越能够实施有效监督，抑制公司盈余管理水平，提高公司信息披露质量，从而吸引更多分析师跟踪，与黄永安等（2013）和姚禄仕等（2014）的研究结论一致③④。

三、稳健性检验

为了保证本章研究结论的稳健性，在模型建立阶段对模型中变量的共线性问题进行了测试，模型的变量之间不存在严重的共线性问题。在多元回归阶段，对模型中变量的方差膨胀因子进行了检测，多元回归变量的平均膨胀系数均在 2 左右。这说明本章的变量选取较为合理。同时在多元回归阶段，对模型中的连续变量进行去中心化处理。减少由于数据本身带来的变量之间的多重共线性，且在交乘检验时可以使结论的解释更加合理。除了进行上述的检验和处理外，本章还进行了以下的稳健性检验。

（一）安慰剂检验

这个检验的原理是观察双重差分模型的回归结果在政策实施时点被人为地提前或者推后是否依然成立。如果不再成立，表示确系政策实施导致了处理组和控制组样本之间的差异；反之，则表示是其他原因导致了上述差异。按照这一研究思路，本章将"A + H"股公司率先

① 刘会芹，施先旺. 企业战略差异对分析师行为的影响［J］. 山西财经大学学报，2018（1）：112 – 123.

② Bhushan，R. Firm Characteristics and Analysts Following［J］. Journal of Accounting and Economics，1989，11（2）：255 – 274.

③ 黄永安，曾小青. 投资者情绪、机构投资者与分析师跟进——基于面板数据负二项回归的经验研究［J］. 山西财经大学学报，2013（6）：111 – 124.

④ 姚禄仕，何方，王丽娜，等. 利益冲突下的证券分析师跟进行为研究——基于面板数据实证研究［J］. 中国管理科学，2014（6）：43 – 49.

实施关键审计事项准则的时间人为提前两年，使得所有研究样本处于落入 2013 ～ 2014 年，即落入政策实施前的两个年度，随后按照 2015 ～ 2016 年研究期间同样比例（按照 1∶5 的近邻匹配原则）进行 PSM，从其他 A 股公司中匹配对照组样本。剔除未成功匹配的样本后，最终得到处理组样本 100 个，对照组样本 211 个，共 311 个"公司—年度"样本，随后再执行双重差分检验（DID）。表 3 – 4 第（1）列报告了安慰剂检验的回归结果，交互项 POST × TREAT 的回归系数为正，但在统计上不显著。说明政策实施时点被人为提前两年之后，原有结论不再成立，意味着引起处理组和控制组样本分析师跟踪发生变化确系关键审计事项披露引起的。已有研究结论依然成立。

表 3 – 4　　关键审计事项披露对分析师跟踪影响的稳健性检验 1

变量	（1） 安慰剂检验	（2） 更换控制变量
POST	− 0. 320 *** （ − 3. 41）	0. 095 （1. 07）
TREAT	0. 145 （1. 34）	− 0. 076 （ − 0. 61）
POST × TREAT	0. 016 （0. 11）	0. 355 ** 0. 095
Size	0. 380 *** （6. 78）	
Itang	0. 487 （0. 68）	− 0. 232 （ − 0. 33）
Lev	− 0. 226 （ − 0. 75）	− 0. 363 （ − 1. 12）
Aue	0. 167 （0. 88）	− 0. 185 （ − 1. 07）

续表

变量	（1）	（2）
	安慰剂检验	更换控制变量
Age	−0.088 （−1.32）	−0.161 ** （−2.09）
Roa	2.057 * （1.79）	4.142 *** （3.70）
BM	−1.163 *** （−4.04）	
Badnews	−0.001 （−0.01）	−0.076 （−0.79）
Holder	0.049 *** （4.81）	0.028 *** （2.82）
Soe	−0.280 *** （−2.63）	−0.089 （−0.87）
Income		0.238 *** （5.78）
Growth		−0.008 （−0.10）
Constant	−5.895 *** （−4.71）	−3.178 *** （−3.03）
Industry	YES	YES
Observations	311	330
Adjusted R^2	0.4776	0.3919

注：括号中的数字为 T 值。*** 、** 、* 分别表示在 1%、5% 和 10% 水平上显著。

（二）更换控制变量的衡量

把公司规模（Size）更换为营业收入（Income），并采用同样的方法对数据进行处理；把账面市值比（BM）更换为营业收入增长率

（Growth）。表 3 - 4 第（2）列报告了更换控制变量后的双重差分检验结果，交互项 POST × TREAT 的回归系数在 5% 水平上显著为正，意味着关键审计事项披露之后，处理组公司的分析师跟踪显著增加。已有研究结论依然成立。

（三）更换分析师跟踪计算方法

1. 分析师跟踪人数更换为券商家数

借鉴已有研究成果，把被解释变量分析师跟踪（Analyst）更换为券商家数（Broker），并按同样方法进行数据处理，即券商家数加 1 再取自然对数。券商家数（Broker）表示预测某上市公司盈余的券商家数合计（马晨等，2013），即券商跟踪家数合计；表 3 - 5 第（1）列报告了关键审计事项披露对券商家数的影响，交互项 POST × TREAT 的回归系数在 5% 水平上显著为正，说明相比较控制组公司，处理组公司在关键审计事项披露之后，券商跟踪家数显著增加[①]。

表 3 - 5　　关键审计事项披露对分析师跟踪影响的稳健性检验 2

变量	(1)	(2)
	券商家数（Brokers）	分析师研究报告数目（Reports）
POST	0.091 (0.89)	- 0.020 (- 0.35)
TREAT	- 0.033 (- 0.25)	0.021 (0.29)
POST × TREAT	0.354 ** (2.10)	0.157 * (1.72)
Size	0.313 *** (4.71)	0.149 *** (4.17)

---

① 马晨，张俊瑞，李彬. 财务重述对分析师预测行为的影响研究 [J]. 数理统计与管理，2013（2）：221 - 231.

续表

变量	(1)	(2)
	券商家数（Brokers）	分析师研究报告数目（Reports）
Itang	−0.451 （−0.59）	0.005 （0.01）
Lev	−0.583 （−1.57）	−0.115 （−0.57）
Aue	−0.154 （−0.81）	−0.005 （−0.54）
Age	−0.123 （−1.44）	−0.086* （−1.85）
Roa	4.257*** （3.30）	2.181*** （3.12）
BM	0.036 （0.11）	0.026 （0.14）
Badnews	−0.078 （−0.74）	−0.054 （−0.95）
Holder	0.029*** （2.67）	0.014** （2.36）
Soe	−0.032 （−0.28）	−0.029 （−0.48）
Constant	−5.278*** （−3.38）	−2.141** （−2.53）
Industry	YES	YES
Observations	332	333
Adjusted R^2	0.3793	0.3126

注：括号中的数字为 T 值。***、**、*分别表示在 1%、5% 和 10% 水平上显著。

2. 分析师跟踪人数更换为分析师研究报告数目

借鉴已有研究成果，把被解释变量分析师跟踪（Analyst）更换为分析师研究报告数目（Report），并按同样方法进行数据处理，即分析师研究报告数目加 1 再取自然对数。分析师研究报告数目（Report）表示每个上市公司每年每个券商机构发布的预测次数（王菊仙等，2016）①。表 3-5 第（2）列报告了关键审计事项披露对分析师研究报告数目的影响，交互项 POST × TREAT 的回归系数在 10% 水平上显著为正，说明相比较控制组公司，处理组公司在关键审计事项披露之后，分析师研究报告数目显著增加。已有研究结论依然成立。

第四节　进一步研究

一、关键审计事项披露对分析师跟踪影响的治理机制研究

由于股价只能部分吸收获得的市场信息（Grossman and Stiglitz，1980），而且获取市场信息虽然一方面需要付出成本，另一方面也可以给支付者带来超额回报，故而在控制成本或得到超额回报的前提下，分析师往往会被上市公司的某种特征所吸引，对上市公司进行选择性跟踪，比如公司规模、公司信息披露质量等②。

（一）基于会计师事务所类型的调节作用

作为外部监督力量的审计师，是确保公司会计信息质量和资本市场持续有效运行的一个重要治理机制，这个机制的有效发挥又需要审计师具备必要的执业谨慎性和独立性，而从降低代理成本和缓解市场中利益各方之间的代理冲突（Jensen and Mecking，1976）③。一般而言，事务所的规模等因素决定了审计师的谨慎性和独立性的高低，进而影

①　王菊仙，王玉涛，鲁桂华. 地理距离影响证券分析师预测行为吗？［J］. 中央财经大学学报，2016（1）：61-72.

②　Grossman, Sanford and Joseph Stiglitz. On the Impossibility of Informationally Efficient Markets［J］. American Economics Review，1980，70（3）：393-408.

③　Jensen, M. C. , Meckling, W. H. Theory of the Firm：Managerial Behavior，Agency Costs and Ownership Structure［J］. Journal of Financial Economics，1976，3：305-360.

响公司的盈余管理行为，原因在于一方面规模越大的事务所如果出现审计失败，会带来更大比例的声誉和收入损失，所以他们会更具谨慎性（DeAngelo，1981）；另一方面，事务所规模越大，其经济实力越强，故而其独立性也就越强①。另外"四大"的专业胜任能力也更强，审计质量相对来说也更高（Craswell et al.，1995）②。长久以来，审计师的工作过程并不为外人所知，而该准则的实施一定程度上将这一过程中最为重要的事项公布于众，提高了审计透明度。在这个制度大环境下，审计师可能会更加谨慎、独立地执行业务，来缓解增量信息的披露给自身声誉和法律风险等的压力（唐建华，2015）③。分析师在收集和解读公司信息时，也会考虑审计费用、审计行业专长、审计任期、审计意见和审计时长等因素（Sun et al.，2011；Gotti et al.，2012；李晓玲等，2013；李志刚等，2015；赵保卿等，2016）；对公司财务信息质量的影响，从而判断这些信息的质量及对公司的投资前景和投资不确定性的大小（陈宋生等，2017）④⑤⑥⑦⑧⑨。

披露关键审计事项对不同类型会计师事务所独立性和客观公正的态度影响程度显然是不同的，对被审计单位的信息披露质量的影响程

---

① DeAngelo L E. Auditor independence，"low balling"，and disclosure regulation［J］. Journal of Accounting and Economics，1981，3：113 – 127.

② Craswell A T，Francis J R，Taylor S L. Auditor Brand Name Reputation and Industry Specializations［J］. Jounrnal of Accounting and Economics，1995，20（3）：297 – 322.

③ 唐建华. 国际审计与鉴证准则理事会审计报告改革评析［J］. 审计研究，2015（1）：60 – 66.

④ 陈宋生，刘青青. 外部审计师与卖方分析师相互影响及治理效应——一个文献综述［J］. 审计研究，2017（1）：59 – 68.

⑤ 李晓玲，任宁. 证券分析师关注与审计监督：替代抑或互补效应——基于中国民营上市公司的经验证据［J］. 审计与经济研究，2013（6）：20 – 28.

⑥ 李志刚，施先旺，刘拯. 分析师能发现审计合谋吗——基于我国上市公司的经验证据［J］. 财经论丛，2015（7）：56 – 65.

⑦ 赵保卿，陈润东. 证券分析师关注、产权性质与审计费用［J］. 南京审计学院学报，2016（1）：59 – 66.

⑧ Gotti，Higgs J L，Han S，et al. Managerial Stock Ownership，Analyst Coverage，and Audit Fee［J］. Journal of Accounting Auditing & Finance，2012，27（3）：412 – 437.

⑨ Sun J，Liu G. Industry Specialist Auditors，Outsider Directors，and Financial Analysts［J］. Journal of Accounting and Public Policy，2011，30（4）：367 – 382.

度也是不同的。一般来说，在审计报告改革之前，"四大"的独立性和客观公正的态度是明显高于"非四大"的，那么此次改革，相对于"四大"及其审计的公司而言，可能导致"非四大"的独立性和客观公正的态度方面提升空间更大，进而"非四大"审计的公司信息披露质量提升空间也较大一些。从分析师的视角来看，因为关键审计事项准则的实施使分析师通过收集信息的成本下降、质量更高（公共信息获取成本等于或接近于 0），在这种情况下，跟踪信息披露质量提升空间较大（聘请"非四大"）的公司进行预测的收益很可能会增加，从而改变了分析师原有的成本收益结构，并且客观上也进一步弥补了这类公司的信息差距程度，所以分析师很可能更愿意跟踪盈余管理程度高的公司。同理，以下三个调节变量的治理机制是相同的。

表 3 - 6 分组检验了事务所类型对关键审计事项披露与分析师跟踪的调节作用，第（1）列回归结果显示交互项 POST × TREAT 的回归系数为正，但在统计上不显著；第（2）列回归结果显示交互项 POST × TREAT 的回归系数在 5% 水平上显著为正。上述回归结果意味着相比于聘请"四大"的公司，关键审计事项披露对分析师跟踪的提升作用在聘请"非四大"的公司体现得更为明显。这表明在一定程度上，公司选择不同事务所类型可部分解释关键审计事项披露为什么会带来的分析师跟踪的增加。与魏紫（2010）的研究结论类似：财务信息质量的提高导致分析师跟踪人数的减少，因为对于财务信息质量高的公司，投资者无须费时费力就能够自己对未来盈利状况进行预测，或者达不到需要专业分析师帮助的程度[①]。

表 3 - 6　关键审计事项披露对分析师跟踪影响的治理机制检验 1

变量	（1）	（2）
	四大	非四大
POST	0.278 (1.10)	− 0.044 (− 0.30)

---

① 魏紫. 企业无形资产资本化与证券分析师盈余预测：影响机理与制度背景［D］. 长春：吉林大学，2010.

续表

变量	（1）	（2）
	四大	非四大
TREAT	0.182 (0.65)	0.120 (0.43)
POST × TREAT	0.093 (0.30)	0.722 ** (2.22)
Size	0.478 ** (2.53)	0.334 *** (3.41)
Itang	−1.104 (−0.38)	−0.069 (−0.06)
Lev	0.208 (0.19)	−0.613 (−1.04)
Aue	−0.227 (−0.54)	−0.131 (−0.45)
Age	0.083 (0.34)	−0.238 * (−1.85)
Roa	6.879 * (1.96)	5.642 *** (2.96)
BM	0.627 (0.67)	−0.169 (−0.34)
Badnews	−0.152 (−0.70)	−0.138 (−0.82)
Holder	0.018 (0.79)	0.029 (1.53)
Soe	−0.377 (−1.34)	−0.080 (−0.46)
Constant	−9.768 ** (−2.34)	−3.660 (−1.65)

续表

变量	（1）	（2）
	四大	非四大
Industry	YES	YES
Observations	111	222
Adjusted R^2	0.4177	0.3524

注：括号中的数字为 T 值。***、**、* 分别表示在 1%、5% 和 10% 水平上显著。

（二）基于盈余透明度的调节作用

关键审计事项披露了更多公司和审计师的私有信息，使得公司盈余信息和审计过程信息更加透明（PCAOB，2017），进而降低投资者和分析师搜集私有信息的成本（Gul et al.，2010；Su et al.，2015），同样的道理，在这种情况下，对于盈余透明度高的公司，投资者无须费时费力就能够自己对未来盈利状况进行预测，或者达不到需要专业分析师帮助的程度，故而会导致分析师跟踪人数的下降，即分析师很可能更愿意跟踪盈余透明度低的公司。我们检验了盈余透明度是否会调节关键审计事项披露对分析师跟踪的影响①。

本章借鉴赫顿等（Hutton et al.）和王木之等（2019），定义公司前 3 年没有发生财务重述（NRS）来代理盈余透明度高，取值为 1，否则取值为 0②③。表 3 - 7 分组检验了盈余透明度对关键审计事项披露与分析师跟踪关系的调节作用，第（1）列回归结果显示交互项 POST × TREAT 的回归系数为正，但在统计上不显著；第（2）列回归结果显示交互项 POST × TREAT 的回归系数在 5% 水平上显著为正。上述回归结果意味着相比于盈余透明度高的公司，关键审计事项披露对分析师

① Gu Z, Li Z, Yang Y G. Monitors or Predators：The Influence of Institutional Investors on Sell – Side Analysts [J]. The Accounting Review，2013，88（1）：137 – 169.

② 王木之、李丹. 新审计报告和股价同步性 [J]. 会计研究，2019（1）：86 – 92.

③ Hutton，A. P.，A. J. Marcus，H. Tehranian. Opaque Financial Reports，R2，and Crash Risk [J]. Journal of Financial Economics，2009，94（1）：67 – 86.

跟踪的提升作用在盈余透明度低的公司体现得更为明显，这表明在一定程度上，公司盈余透明度的高低亦可部分解释关键审计事项披露为什么会带来的分析师跟踪的提高。

表 3 - 7　　关键审计事项披露对分析师跟踪影响的治理机制检验 2

变量	(1) NRS 高	(2) NRS 低
POST	0. 146 (1. 19)	0. 044 (0. 27)
TREAT	0. 008 (0. 06)	− 0. 200 (− 0. 72)
POST × TREAT	0. 191 (1. 01)	0. 700 ** (2. 17)
Size	0. 252 *** (3. 29)	0. 226 (1. 52)
Itang	− 0. 405 (− 0. 42)	0. 004 (0. 00)
Lev	− 0. 110 (− 0. 24)	− 0. 224 (− 0. 33)
Aue	− 0. 060 (− 0. 29)	− 0. 157 (− 0. 89)
Age	− 0. 210 ** (− 2. 02)	− 0. 170 (− 0. 40)
Roa	5. 044 *** (3. 18)	3. 781 (1. 52)
BM	0. 468 (1. 15)	− 0. 504 (− 0. 72)
Badnews	− 0. 127 (− 1. 07)	− 0. 062 (− 0. 30)

续表

变量	(1)	(2)
	NRS 高	NRS 低
Holder	0.025 ** (2.08)	0.025 (1.05)
Soe	−0.125 (−0.94)	0.081 (0.39)
Constant	−3.970 ** (−2.26)	−3.111 (−0.94)
Industry	YES	YES
Observations	214	119
Adjusted R^2	0.4274	0.2582

注：括号中的数字为 T 值。*** 、** 、* 分别表示在 1% 、5% 和 10% 水平上显著。

（三） 基于公司注册地市场化程度的调节作用

法律而且审计师的诉讼风险与法律环境密切相关（陈小林等，2007），一个国家或地区法律环境越好，审计师被起诉的风险就越高，且被惩罚力度也越大，因为法律环境好意味着执法力度越大，维权意识越强，反之亦然。审计师的法律责任增加，那么审计师的执业过程可能会更加谨慎（Gimbar，2016），其独立性和客观公正的态度也会提高，财务信息质量进而得到提高①②。原因在于原本呈现在审计工作底稿里的内容，被纳入审计报告公开披露并接受市场检验。而相对来说，注册地市场化程度高的公司因其高质量的财务信息，客观上更加容易解读，降低了投资者对分析师的需求，故而注册地市场化程度低的公

① 陈小林，潘克勤. 法律环境、政治关系与审计定价——来自中国证券市场的经验证据 [J]. 财贸经济，2007 （13）：90 – 95.

② Gimbar C，Hansen B，Ozlanski M. The Effects of Critical Audit Matter Paragraphs and Accounting Standard Precision on Auditor Liability [J]. The Accounting Review，2016，91 （6）：1629 – 1646.

司会吸引更多分析师的跟踪。

表 3-8 分组检验了公司注册地的市场化程度对关键审计事项披露与分析师跟踪关系的调节作用，市场化程度（Market）采用市场化总指数评分来表示，市场化总指数评分越高代表市场化程度越高。该指标来自王小鲁和樊纲等的计算结果，它由 18 个基础指数构成，其中包含法律制度环境[①]。第（1）列回归结果显示交互项 POST × TREAT 的回归系数为正，但在统计上不显著；第（2）列回归结果显示交互项 POST × TREAT 的回归系数在 5% 水平上显著为正。上述回归结果意味着关键审计事项披露对分析师跟踪的提升作用在公司注册地市场化程度低的公司体现得更为明显，这表明在一定程度上，公司注册地不同的市场化水平亦可部分解释关键审计事项披露为什么会带来的分析师跟踪的增加。

表 3-8　关键审计事项披露对分析师跟踪影响的治理机制检验 3

变量	（1）	（2）
	市场化程度高	市场化程度低
POST	0.007 （0.05）	0.078 （0.60）
TREAT	-0.026 （-0.12）	-0.075 （-0.44）
POST × TREAT	0.270 （1.19）	0.449 ** （2.06）
Size	0.420 *** （4.62）	0.184 ** （2.00）
Itang	-0.628 （-0.49）	0.338 （0.36）

[①]　王小鲁，樊纲，余静文，等. 中国分省份市场化指数报告（2016）［M］. 北京：社会科学文献出版社，2017.

续表

变量	（1）市场化程度高	（2）市场化程度低
Lev	−0.405 （−0.71）	−0.235 （−0.47）
Aue	−0.295 （−0.83）	−0.066 （−0.30）
Age	−0.198* （−1.81）	−0.113 （−0.89）
Roa	2.858 （1.63）	4.438** （2.36）
BM	0.008 （0.02）	−0.153 （−0.32）
Badnews	−0.092 （−0.60）	−0.054 （−0.39）
Holder	0.023 （1.52）	0.018 （1.30）
Soe	0.044 （0.29）	−0.146 （−0.91）
Constant	−7.464*** （−3.55）	−2.198 （−1.08）
Industry	YES	YES
Observations	150	183
Adjusted R^2	0.4313	0.4121

注：括号中的数字为 T 值。***、**、*分别表示在 1%、5% 和 10% 水平上显著。

（四） 基于企业性质的调节作用

目前学术界有关所有权性质与企业信息质量关系的研究结论并不一致，有些学者认为相较于非国有企业，国有企业因为承担着更大的社会成本与政治成本，且较容易获得盈利项目，其盈余管理动机相对较弱；但也有些学者持相反的观点，认为国企管理者出于自身政治利益和经济利益的考虑，会使国有企业的盈余管理动机更为强烈。

表3-9分组检验了企业不同性质对关键审计事项披露与分析师跟踪关系的调节作用，第（1）列回归结果显示交互项 POST × TREAT 的回归系数在10%水平上显著为正；第（2）列回归结果显示交互项 POST × TREAT 的回归系数为正，但在统计上不显著。上述回归结果意味着关键审计事项披露对分析师跟踪的提升作用在国有企业体现得更为明显，这表明在一定程度上，企业不同性质亦可部分解释关键审计事项披露为什么会带来的分析师跟踪的增加。

表3-9　　关键审计事项准则实施对分析师跟踪影响的治理机制检验4

变量	（1）	（2）
	国企	非国企
POST	0.161 (1.52)	0.169 (0.79)
TREAT	-0.012 (-0.09)	0.085 (0.23)
POST × TREAT	0.294 * (1.72)	0.304 (0.82)
Size	0.264 *** (3.56)	0.719 *** (4.99)
Itang	0.203 (0.24)	-2.377 (-1.16)
Lev	-0.052 (-0.13)	-1.188 (-1.49)
Aue	-0.125 (-0.62)	-0.316 (-0.75)

续表

变量	（1）	（2）
	国企	非国企
Age	−0.010 （−0.10）	−0.401** （−2.23）
Roa	3.818*** （2.88）	1.275 （0.37）
BM	0.043 （0.13）	−1.687* （−1.92）
Badnews	−0.050 （−0.46）	0.001 （0.00）
Holder	0.027** （2.14）	0.009 （0.36）
Constant	−4.396** （−2.52）	−12.689*** （−4.16）
Industry	YES	YES
Observations	242	91
Adjusted R²	0.3983	0.4019

注：括号中的数字为 T 值。***、**、* 分别表示在 1%、5% 和 10% 水平上显著。

二、关键审计事项文本特征、事项类型与分析师跟踪的回归结果

（一）关键审计事项文本特征与分析师跟踪的回归结果

1. 处理组关键审计事项文本特征与分析师跟踪的回归结果

接下来我们探讨处理组关键审计事项数目、句均字数和句均词数等文本特征对分析师跟踪的影响。本章参考已有研究成果，定义变量关键审计事项披露数目（KAM）每个审计报告披露的关键审计事项个数（王艳艳等，2018）；定义句均字数（PC_ChiWord）为关键审计事

项段的总汉字数除以句尾标点符号的总和，来衡量文本复杂性；定义句均词数（PC_Voc）为关键审计事项的词数除以句尾标点符号的总和，作为衡量文本复杂性的另一个指标（Loughran and McDonald，2014；陈霄，2018）[1][2][3]。而文本复杂性是文本可读性的其中一个表现形式，亦即文本复杂性越高，其可读性越低。

利用模型（3.1）检验假设 3-2 与假设 3-3，表 3-10 报告了处理组公司的关键审计事项文本特征对分析师跟踪的影响。第（1）列检验了关键审计事项数目对分析师跟踪的影响，关键审计事项数目（KAM）的回归系数在 10% 水平上显著为正；第（2）列检验了关键审计事项句均字数（PC_ChiWord）对分析师跟踪的影响，句均字数（PC_ChiWord）的回归系数在 5% 水平上显著为负；第（3）列检验了关键审计事项句均词数（PC_Voc）对分析师跟踪的影响，句均词数（PC_Voc）的回归系数在 10% 水平上显著为负。综上所述，这些结果意味着披露关键审计事项数目越多、文本可读性越高的公司，分析师跟踪人数显著增加了，表明一方面执行了新审计报告对于分析师来说是有信息增量的，另一方面，公司的新审计报告文本可读性越高越有利于吸引分析师关注。

表 3-10　　关键审计事项文本特征与分析师跟踪的回归结果 1

变量	(1)	(2)	(3)
	事项数目	句均词数	句均字数
POST	0.060 (0.26)	1.462 *** (3.11)	1.361 * (1.76)

① 陈霄，叶德珠，邓洁. 借款描述的可读性能够提高网络借款成功率吗［J］. 中国工业经济，2018（3）：174-192.

② Loughran, T., McDonald, B. Measuring Readability in Financial Disclosures［J］. Journal of Finance，2014，69（4）：1643-1671.

③ 王艳艳，许锐，王成龙，等. 关键审计事项段能够提高审计报告的沟通价值吗？［J］. 会计研究，2018（6）：86-93.

续表

变量	（1）	（2）	（3）
	事项数目	句均词数	句均字数
KAM	0.159 * (1.73)		
PC_ChiWord		− 0.051 ** (− 2.31)	
PC_Voc			− 0.084 * (− 1.79)
Size	0.285 *** (2.71)	0.346 *** (2.76)	0.329 *** (2.55)
Itang	− 5.170 *** (− 2.94)	− 2.848 (− 1.27)	− 3.634 (− 1.59)
Lev	− 0.848 (− 1.17)	− 0.877 (− 1.16)	− 0.699 (− 0.90)
Aue	− 0.101 (− 0.63)	− 0.108 (− 0.41)	− 0.120 (− 0.45)
Age	− 0.140 (− 0.76)	− 0.119 (− 0.61)	− 0.123 (− 0.61)
Roa	− 0.832 (− 0.39)	− 0.483 (− 0.21)	− 0.534 (− 0.23)
BM	0.621 (1.09)	0.382 (0.60)	0.538 (0.83)
Badnews	0.042 (0.28)	0.098 (0.64)	0.140 (0.88)
Holder	0.046 *** (2.83)	0.047 ** (2.60)	0.055 *** (3.01)
Soe	− 0.412 ** (− 2.23)	− 0.394 ** (− 2.08)	− 0.375 * (− 1.92)

续表

变量	（1）	（2）	（3）
	事项数目	句均词数	句均字数
Constant	-3.404 (-1.33)	-5.196^{*} (-1.71)	-4.899 (-1.57)
Industry	YES	YES	YES
Observations	98	98	98
Adjusted R^2	0.5862	0.5556	0.5270

注：括号中的数字为 T 值。 *** 、 ** 、 * 分别表示在 1%、5% 和 10% 水平上显著。

2. 全样本关键审计事项文本特征与分析师跟踪的回归结果

关键审计事项文本特征、关键审计事项类型及资产减值事项具体类型等问题的探讨是利用 2016～2017 年年报披露关键审计事项的样本公司数据，构建模型（3.3）检验关键审计事项文本特征以及接下来要讨论的关键审计事项类型及和资产减值事项具体类型对分析师跟踪的影响差异，再次检验假设 3－2、假设 3－3 与假设 3－4。

$$Analyst = \theta_0 + \theta_1 X + Controls + \varepsilon \qquad (3.3)$$

其中，X 表示关键审计事项平均文本篇幅、文本可读性、句均字数、关键审计事项类型及资产减值事项具体类型，回归系数 θ_1 反映审计师关注的上述关键审计事项诸多特征对分析师跟踪的影响。

本章参考已有研究成果，定义文本特征中的变量平均文本篇幅（WORDS）为每年每个上市公司审计报告中披露的所有关键审计事项的总汉字数除以关键审计事项数目；定义句均字数（PC_ChiWord）为关键审计事项段的总汉字数除以句尾标点符号的总和，来衡量文本复杂性（Loughran and McDonald，2014；陈霄，2018）；定义文本可读性（Fog）为文本的迷雾指数①（王艳艳等，2018），Fog 指数越高，说明

———————

① 迷雾指数的计算公式如下：Fog = 0.4［（Words/Sentences）+ 100 ×（ComplexWords/Words）］ 其中，Fog 为迷雾指数，Words 为采用结巴分词分解出来的单词总数，Sentences 为句子总数，ComplexWords 为超过三个汉字的单词数。

文本可读性越低[1][2][3]。

表 3-11 报告了关键审计事项文本特征对分析师跟踪的影响。第（1）列检验了审计师确定的关键审计事项平均文本篇幅大小对分析师跟踪的影响，平均文本篇幅（WORDS）的回归系数在 5% 水平上显著为负；第（2）列检验了审计师确定的关键审计事项文本复杂性对分析师跟踪的影响，文本复杂性（PC_ChiWord）的回归系数在 5% 水平上显著为负；第（3）列检验了审计师确定的关键审计事项文本可读性对分析师跟踪的影响，文本可读性（Fog）的回归系数在 1% 水平上显著为负。综上所述，这些结果意味着披露关键审计事项文本篇幅越小、文本复杂性和文本可读性越高的上市公司分析师跟踪人数显著增加了。其中文本可读性的结论与利亚等（Lehavy et al.）的研究结论是不相符的[4]。

表 3-11　　　关键审计事项文本特征与分析师跟踪的回归结果 2

变量	(1) 平均文本篇幅	(2) 句均词数	(3) 文本可读性
WORDS	-0.001^{**} (-2.19)		
PC_ChiWord		-0.005^{**} (-2.41)	
Fog			-0.004^{***} (-3.10)

---

① 陈霄，叶德珠，邓洁. 借款描述的可读性能够提高网络借款成功率吗 [J]. 中国工业经济，2018（3）：174-192.

② Loughran, T., McDonald, B. Measuring Readability in Financial Disclosures [J]. Journal of Finance, 2014, 69（4）：1643-1671.

③ 王艳艳，许锐，王成龙，等. 关键审计事项段能够提高审计报告的沟通价值吗? [J]. 会计研究，2018（6）：86-93.

④ Lehavy, R., Li, F., Merkley, K. The Effect of Annual Report Readability on Analyst Following and the Properties of Their Earning Forecasts [J]. The Accounting Review, 2011, 86：1087-1115.

续表

变量	（1）平均文本篇幅	（2）句均词数	（3）文本可读性
Size	0.465 *** （17.87）	0.459 *** （17.80）	0.458 *** （17.78）
Itang	1.044 ** （2.37）	1.050 ** （2.39）	1.033 ** （2.35）
Lev	0.169 （1.06）	0.134 （0.85）	0.128 （0.81）
Aue	0.074 （0.62）	0.073 （0.61）	0.087 （0.73）
Age	−0.204 *** （−5.79）	−0.205 *** （−5.81）	−0.206 *** （−5.83）
Roa	8.136 *** （13.49）	8.221 *** （13.67）	8.201 *** （13.65）
BM	−0.193 *** （−5.88）	−0.186 *** （−5.68）	−0.186 *** （−5.66）
Badnews	−0.107 * （−1.89）	−0.104 * （−1.84）	−0.097 * （−1.73）
Holder	0.032 *** （6.77）	0.033 *** （6.90）	0.033 *** （6.98）
Soe	0.008 （0.14）	0.018 （0.34）	0.011 （0.20）
Constant	−7.907 *** （−12.05）	−7.848 *** （−11.96）	−7.761 （−11.83）
Industry	YES	YES	YES
Year	YES	YES	YES
Observations	1501	1501	1501
Adjusted R^2	0.3914	0.3918	0.3935

注：括号中的数字为 T 值。 *** 、 ** 、 * 分别表示在 1%、5% 和 10% 水平上显著。

（二）关键审计事项类型与分析师跟踪的回归结果

1. 关键审计事项类型与分析师跟踪的回归结果

根据对关键审计事项披露现状的手工整理统计结果显示，自 2016 年关键审计事项准则实施试点到 2017 年全面实施，我国上市公司共披露关键审计事项 7426 项。其中，资产减值事项披露频率最高，占比达到 46.18%，包括了应收账款减值、存货减值、固定资产减值等领域；收入确认事项占比次之（32.02%）；股权投资事项、合并报表事项和公允价值计量事项紧随其后，占比分别是 4.73%、1.51% 和 1.17%，因此选择这五个事项进行分析。变量定义方面，变量 Rev 表示收入减值事项是否被审计师确定为关键审计事项，如果是则取 1，否则取 0；变量 Asdep 表示资产减值事项是否被审计师确定为关键审计事项，如果是则取 1，否则取 0；变量 Eqin 表示股权投资减值事项是否被审计师确定为关键审计事项，如果是则取 1，否则取 0；变量 Fv 表示公允价值减值事项是否被审计师确定为关键审计事项，如果是则取 1，否则取 0；变量 Confi 表示合并报表事项是否被审计师确定为关键审计事项，如果是则取 1，否则取 0。

表 3-12 报告了关键审计事项类型对分析师跟踪的影响。第（1）列检验了收入确认事项对分析师跟踪的影响，收入确认事项（Rev）的回归系数在 5% 水平上显著为正；第（2）列检验了资产减值事项对分析师跟踪的影响，资产减值事项（Asdep）的回归系数在 1% 水平上显著为负；第（3）列检验了股权投资事项对分析师跟踪的影响，股权投资事项（Eqin）的回归系数在 1% 水平上显著为负；第（4）列检验了公允价值计量事项对分析师跟踪的影响，公允价值计量事项（Fv）的回归系数并不显著；第（5）列检验了合并报表事项对分析师跟踪的影响，合并报表事项（Confi）的回归系数并不显著；第（6）列同时检验了上述事项对分析师跟踪的共同影响，股权投资事项（Eqin）的回归系数在 1% 水平上显著为负，公允价值计量事项（Fv）的回归系数在 10% 水平上显著为负，说明审计师把股权投资事项和公允价值计量

事项作为本期审计中重要的高风险领域进行关注，并确定为关键审计事项，分析师对这两个高风险领域感知到了风险，并在某种程度上减少了自己的跟踪。可能的原因是这两个事项均涉及利润项目，并且金额较大，公司可能存在为实现特定业绩目标而调节利润、粉饰报表等舞弊行为，且其确认、计量和报告过程较为复杂，使公司舞弊行为较为隐蔽，审计难度较大。

表 3 – 12　　　　　关键审计事项类型与分析师跟踪的回归结果

变量	(1) 收入确认	(2) 资产减值	(3) 股权投资	(4) 公允价值	(5) 合并报表	(6) 事项类型
Rev	0.103 ** (2.30)					0.068 (1.45)
Asdep		−0.058 * (−1.93)				−0.050 (−1.60)
Eqin			−0.293 *** (−2.88)			−0.297 *** (−2.90)
Fv				−0.303 (−1.63)		−0.321 * (−1.73)
Confi					0.203 (1.04)	0.201 (1.03)
Size	0.461 *** (18.34)	0.461 *** (18.31)	0.460 *** (18.35)	0.457 *** (18.21)	0.455 *** (18.10)	0.465 *** (18.47)
Itang	0.807 ** (2.00)	0.749 * (1.85)	0.786 * (1.95)	0.774 * (1.91)	0.777 * (1.92)	0.816 ** (2.02)
Lev	−0.108 (−0.69)	−0.095 (−0.61)	−0.110 (−0.71)	−0.116 (−0.74)	−0.113 (−0.72)	−0.105 (−0.67)
Aue	−0.089 (−1.06)	−0.092 (−1.09)	−0.078 (−0.93)	−0.085 (−1.00)	−0.086 (−1.02)	−0.083 (−0.99)
Age	−0.188 *** (−5.25)	−0.191 *** (−5.31)	−0.188 *** (−5.25)	−0.190 *** (−5.28)	−0.191 *** (−5.31)	−0.181 *** (−5.05)

续表

变量	(1) 收入确认	(2) 资产减值	(3) 股权投资	(4) 公允价值	(5) 合并报表	(6) 事项类型
Roa	5. 379 *** (11. 60)	5. 384 *** (11. 59)	5. 468 *** (11. 85)	5. 483 *** (11. 85)	5. 460 *** (11. 80)	5. 345 *** (11. 53)
BM	− 0. 201 *** (− 6. 54)	− 0. 200 *** (− 6. 51)	− 0. 204 *** (− 6. 64)	− 0. 194 *** (− 6. 29)	− 0. 198 *** (− 6. 43)	− 0. 198 *** (− 6. 43)
Badnews	− 0. 167 *** (− 3. 09)	− 0. 162 *** (− 2. 98)	− 0. 158 *** (− 2. 93)	− 0. 164 *** (− 3. 03)	− 0. 164 *** (− 3. 02)	− 0. 159 *** (− 2. 94)
Holder	0. 026 *** (6. 09)	0. 026 *** (6. 07)	0. 026 *** (6. 11)	0. 027 *** (6. 28)	0. 026 *** (6. 16)	0. 026 *** (6. 12)
Soe	0. 012 (0. 23)	− 0. 001 (− 0. 02)	0. 018 (0. 34)	0. 004 (0. 07)	0. 004 (0. 07)	0. 009 (0. 17)
Constant	− 7. 975 *** (− 12. 07)	− 7. 819 *** (− 11. 91)	− 7. 879 *** (− 12. 02)	− 7. 797 *** (− 11. 88)	− 7. 763 *** (− 11. 81)	− 8. 004 *** (− 12. 14)
Industry	YES	YES	YES	YES	YES	YES
Year	YES	YES	YES	YES	YES	YES
Observations	1520	1520	1520	1520	1520	1520
Adjusted R^2	0. 3611	0. 3604	0. 3624	0. 3599	0. 3592	0. 3654

注：括号中的数字为 T 值。 ***、**、* 分别表示在 1%、5% 和 10% 水平上显著。

2. 资产减值事项具体类型与分析师跟踪的回归结果

进一步地，本章将资产减值事项的组成部分按照披露频率较高的原则进行细分，取前五个，它们分别是应收账款减值事项、存货减值事项、固定资产减值事项、无形资产减值事项和商誉减值事项，它们在关键审计事项总体中的占比分别是 17.51%、9.77%、1.79%、0.47% 和 11.03%，意欲探究审计师将不同类型的资产减值事项确定为关键审计事项时，对分析师跟踪的影响是否存在差异。其中，变量 Asdep_rec 表示应收账款减值事项是否被审计师确定为关键审计事项，如果是则取 1，否则取 0；变量 Asdep_inv 表示存货减值事项是否被审计师确定为关键审计事项，如果是则取 1，否则取 0；变量 Asdep_fa 表示固定资产减值事项是否被审计师确定为关键审计事项，如果是则取 1，否则取 0；变量 Asdep_int 表示无形资产减值事项是否被审计师确定为关键审计事项，如果是则取 1，否则取 0；变量 Asdep_gw 表示商誉减值事项是否被审计师确定为关键审计事项，如果是则取 1，否则取 0。

　　表 3 – 13 报告了资产减值事项的具体类型对分析师跟踪的影响。第（1）列检验了应收账款减值事项对分析师跟踪的影响，应收账款减值事项（Asdep_rec）的回归系数在 10% 水平上显著为负；第（2）列、第（3）列、第（4）列、第（5）列检验了其他具体事项对分析师跟踪的影响，但是回归系数均不显著；第（6）列同时检验了上述具体事项对分析师跟踪的共同影响，应收账款减值事项（Asdep_rec）的回归系数在 10% 水平上显著为负，说明审计师虽然确定应收账款减值事项作为本期审计中重要的高风险领域进行关注，并确定为关键审计事项，分析师对这两个高风险领域感知到了风险，并在某种程度上减少了自己的跟踪。可能的原因是这一事项牵涉到利润项目，并且金额较大，公司可能存在为实现特定业绩目标而调节利润、粉饰报表等舞弊行为，且其确认、计量和报告过程较为复杂，使公司舞弊行为较为隐蔽，审计难度较大。

表 3 – 13　　资产减值事项具体类型与分析师跟踪的回归结果

变量	（1）应收账款减值	（2）存货减值	（3）固定资产减值	（4）无形资产减值	（5）商誉减值	（6）资产减值
Asdep_rec	− 0.076 * (− 1.66)					− 0.090 * (− 1.94)
Asdep_inv		− 0.038 (− 0.69)				0.028 (0.50)
Asdep_fa			− 0.093 (− 1.15)			− 0.115 (− 1.41)

续表

变量	（1） 应收账款减值	（2） 存货减值	（3） 固定资产减值	（4） 无形资产减值	（5） 商誉减值	（6） 资产减值
Asdep_int				-0.203 (-1.25)		-0.237 (-1.46)
Asdep_gw					-0.020 (-0.43)	-0.037 (-0.76)
Size	0.456^{***} (18.18)	0.456^{***} (18.13)	0.459^{***} (18.23)	0.459^{***} (18.24)	0.457^{***} (18.19)	0.461^{***} (18.23)
Itang	0.740^{**} (1.83)	0.787^{*} (1.94)	0.743^{*} (1.83)	0.877^{**} (2.12)	0.776^{*} (1.91)	0.867^{**} (2.08)
Lev	-0.105 (-0.67)	-0.114 (-0.73)	-0.105 (-0.67)	-0.103 (-0.66)	-0.111 (-0.71)	-0.093 (-0.59)
Aue	-0.088 (-1.04)	-0.085 (-1.00)	-0.089 (-1.06)	-0.085 (-1.00)	-0.086 (-1.02)	-0.089 (-1.05)
Age	-0.192^{***} (-5.35)	-0.191^{***} (-5.32)	-0.191^{***} (-5.31)	-0.195^{***} (-5.41)	-0.191^{***} (-5.31)	-0.192^{***} (-5.33)
Roa	5.466^{***} (11.82)	5.479^{***} (11.83)	5.433^{***} (11.72)	5.466^{***} (11.81)	5.453^{***} (11.75)	5.400^{***} (11.60)
BM	-0.198^{***} (-6.44)	-0.200^{***} (-6.50)	-0.200^{***} (-6.51)	-0.200^{***} (-6.52)	-0.200^{***} (-6.50)	-0.200^{***} (-6.52)
Badnews	-0.161^{***} (-2.98)	-0.164^{***} (-3.02)	-0.165^{***} (-3.04)	-0.166^{***} (-3.06)	-0.163^{***} (-3.01)	-0.164^{***} (-3.02)
Holder	0.026^{***} (6.15)	0.026^{***} (6.17)	0.026^{***} (6.08)	0.026^{***} (6.14)	0.026^{***} (6.15)	0.026^{***} (6.01)
Soe	0.008 (0.15)	-0.005 (-0.10)	0.011 (0.19)	0.005 (0.09)	0.002 (0.04)	0.002 (0.04)
Constant	-7.784^{***} (-11.86)	-7.791^{***} (-11.86)	-7.790^{***} (-11.86)	-7.826^{***} (-11.91)	-7.801^{***} (-11.87)	-7.839^{***} (-11.93)

变量	(1)	(2)	(3)	(4)	(5)	(6)
	应收账款减值	存货减值	固定资产减值	无形资产减值	商誉减值	资产减值
Industry	YES	YES	YES	YES	YES	YES
Year	YES	YES	YES	YES	YES	YES
Observations	1520	1520	1520	1520	1520	1520
Adjusted R^2	0.3600	0.3590	0.3593	0.3594	0.3588	0.3603

注：括号中的数字为 T 值。*** 、** 、* 分别表示在1%、5% 和10% 水平上显著。

第五节　本章小结

财政部批准印发的 12 项注册会计师审计准则，目的是增加审计报告的信息含量，与国际审计准则以及其他发达国家审计准则改革趋同，其中最重要的变化便是新增的《在审计报告中沟通关键审计事项》准则，准则制定者的主要初衷是旨在使审计师披露更多公司个性化信息和审计过程信息，试图同时解决审计报告信息含量不足和财务报告信息过载带给使用者的困扰。分析师作为资本市场专业的信息收集者和解读者，他们向市场提供的预测信息能增加企业在市场上的公共信息含量，提高企业信息透明度，其预测行为本身所体现的特征也是具有信息含量的，向市场透露更多的信息。因此，我们结合此次审计报告改革，特别是关键审计事项披露这一背景，选择分析师跟踪为视角，对关键审计事项披露的政策效果予以考察，具有重要的理论和实践意义。

本章主要分析了关键审计事项披露对分析师跟踪行为的影响。研究发现关键审计事项披露使得分析师跟踪显著增加。在进一步分析中，发现上述关系在聘请"非四大"会计师事务所、盈余透明度更低、注册地市场化程度低的公司以及国有企业中更为明显；另外还发现，关键审计事项数目披露越多的公司，分析师跟踪的人数越多；关键审计事项文本可读性越高的公司，分析师跟踪的人数越多；而且由于分析师对审计师确认的股权投资事项和公允价值事项的风险感知，在一定程度上减少了对公司的跟踪。这说明关键审计事项披露对信息的弥补效应与风险感知是并存的，且弥补效应要大于分析师对关键审计事项的风险感知程度。

关键审计事项披露使得分析师跟踪显著增加。研究结果揭示了：虽然分析师基于风险感知和风险判断，对股权投资事项与公允价值事项给予了消极回应，即分析师跟踪减少，但是可能基于综合权衡各方面利益关系后，最终的跟踪人数还是显著增加了。可能的原因有：（1）公司年报（包含审计报告）作为资本市场的重要公开信息来源，对分析师来说，使其搜集信息的成本下降、质量更高（公共信息获取成本等于或接近于0），这是分析师跟踪人数上升的总体原因。（2）具体地说，分析师对信息质量和透明度高（聘请"四大"、盈余透明度高、市场化程度高和非国企）的公司信息差距弥补的空间可能大幅降低；而另外分析师如果追踪信息质量和透明度低的公司，其收益很可能会增加，改变了原有的成本收益结构，故分析师很可能更愿意跟踪信息透明度低的公司。

我们还发现关键审计事项披露通过聘请"非四大"、盈余透明度低和市场化程度低及其国有企业的公司对分析师跟踪行为的治理机制，说明关键审计事项披露一方面降低了分析师搜集信息的成本，改变了分析师原有的成本收益结构，另一方面确实客观地激励了分析师积极弥补资本市场信息差距行为，从而从政策层面推动了资本市场实现和发挥"看不见的手"的作用。

关键审计事项的披露数目和文本特征对分析师跟踪之间也存在着显著影响，表现为：（1）审计报告中关键审计事项披露数目越多，分析师跟踪人数越多。（2）关键审计事项的平均文本篇幅越大，分析师跟踪人数越少。（3）关键审计事项文本可读性越高，分析师就越容易理解，分析师跟踪人数越多，并且通过2016～2017年的数据同样支持这一结论。关键审计事项类型方面的结论是披露了股权投资事项与公允价值事项越多的公司，分析师跟踪人数越少，关键审计事项类型这一因素一定程度上减少了对公司的跟踪。但是即使如此，这些结果也最终表明关键审计事项披露对资本市场信息差距的弥补作用要大于其风险提示作用，即关键审计事项披露对分析师跟踪的影响过程中，对信息差距的弥补效应与风险提示效应并存。

本书表明关键审计事项披露有助于更多分析师的跟进，为当前学术上针对关键审计事项披露对分析师跟踪的影响研究提供了新的经验证据，并希望有助于推动审计实务的发展和完善。本书从公司个性化信息是否能够提高分析师跟踪的角度对关键审计事项披露效果给予了肯定。本节的结论对关键审计事项准则制定者、分析师及其行业和公司信息披露监管者来说，都具有一定的启示作用：（1）一是关键审计事项文本可读性相对较低，需要要求审计师提高其可读性，便于审计报告使用者解读和运用；二是在关键审计事项类型披露方面，应加强对审计师的引导，使其切实做到对公司重大特别风险、重大不确定性及重大交易或事项领域的识别和披露。比如可鼓励审计师适当增加关键审计事项的披露数量，但要控制篇幅；以及把诸如收入确认事项、资产减值事项（尤其是应收账款减值事项）、股权投资事项与公允价值事项等敏感性项目在相关准则及配套指南中予以固定，强制进行披露。（2）对分析师及其行业来说，引导分析师平衡自身职业声誉、收入和适当向信息环境较差的公司进行倾斜跟踪之间的关系。（3）对公司信息披露监管者来说，资本市场的信息效率提升实际上是一个系统工程，关键审计事项准则只是这个系统工程的一部分，除此之外，其他配套信息披露还应继续加强监管，保证公司信息披露质量，来配合关键审计事项准则的实施。

第四章

关键审计事项披露对分析师预测
准确性影响的实证检验

第一节　理论分析与假设提出

标准审计报告模式的信息供给与分析师和投资者的信息需求之间存在着较大的信息差距，造成这种差距的原因在于，标准审计报告模式统一的格式和标准化的语言，限制了较多决策有用信息的披露与沟通，而分析师和投资者想要获得更多与其经济决策相关的信息。基于上述问题，我国财政部2016年12月批准印发的12项注册会计师审计准则，标志着我国新一轮审计报告改革正式拉开了序幕，其中，新增的《在审计报告中沟通关键审计事项》准则是改革内容中最重要和最明显的变化。准则制定者的主要初衷是与国际审计准则以及其他发达国家审计准则改革尽快趋同，增加审计报告的信息含量，通过使注册会计师披露更多公司个性化信息和审计过程信息，试图同时解决标准化审计报告信息含量不足和财务报告信息过载带给使用者的困扰。对关键审计事项披露的经济后果进行分析，不仅对企业自身生存发展具有重要意义，而且还能够帮助公司利益相关者更全面地认识关键审计事项披露对资本市场资源优化配置的重要作用，也能够在保护投资者利益、完善资本市场信息披露制度以及持续有效推进审计报告改革工作方面发挥一定的积极作用。

上一章已对关键审计事项披露的经济后果研究作了回顾，本章就不再赘述。下面主要探讨关键审计事项披露对分析师准确性的影响。分析师预测是分析师根据现在所能收集到的信息提前对企业未来收益状况所做的估计，可以通过向市场提供的预测信息，提升公司的公共信息供给，并且分析师预测行为本身所体现的特征也是具有信息含量的，也能够向资本市场透露增量信息，提高企业信息透明度（Elton et al.，1981；Clement and Tse，2005；Gleason and Lee，2003），比如分析师预测准确性这一指标可以作为公司信息环境质量的代理变量之一（Minna Yu，2009），能够衡量信息环境质量[1][2][3][4]。分析师预测信息会受到包括公司规模、企业未来收益的可预测性、公司信息披露状况、分析师自身存在的认知偏差、行业因素、外部制度环境中存在的利益冲突（经济激励、管理层关系、来自机构投资者、投行和证券公司的压力等）等因素的影响，不可避免地会产生偏差。一般来说，市场信息、行业信息和公司信息披露越充分、真实，分析师对这些信息解读就越充分，预测偏差就越小，反过来就表示分析师盈余预测越准确，即分析师的盈余预测越接近于真实盈余。另外，分析师也会出于对职业生涯发展、更高的报酬和声誉风险等因素的考虑，以及基于信息的不断获取而对公司状况认知的加深，分析师对自己所作的盈余预测进行持续不断的修正，使其尽量接近于真实盈余（Mikhail et al.，1999）[5]。

①　Clement M，Tse S Y. Financial Analyst Characteristics and Herding Behavior in Forecasting［J］. The Journal of Finance，2005，60（1）：307 – 341.

②　Elton E. J.，Gruber M. J.，Gultekin M. Expectations and Share Prices［J］. Managem-ent Science，1981，27：975 – 987.

③　Gleason C. A.，Lee M. C. Analyst Forecast Revisions and Market Price Discovery［J］. The Accounting Review，2003，78：193 – 225.

④　Minna Yu. Analyst Forecast Properties，Analyst Following and Governance Disclosures：A Global Perspective［J］. Journal of International Accounting，Auditing and Taxation，2009，19（1）：1 – 15.

⑤　Mikhail M. B.，Walther B. R.，Willis R. H. Does Forecast Accuracy Matter to Security Analysts? ［J］. The Accounting Review，1999，74（2）：185 – 200.

无形资产资本化程度、公司治理透明度、董事会规模、大股东持股比例和管理层薪酬激励、管理层业绩预告与分析师盈余预测准确性呈显著正相关关系，并且当信息披露不透明或法律强制执行力度乏力时，公司治理方面的信息披露的增多和无形资产资本化程度的提高等能够有效地优化信息环境，提升公司财务信息披露质量，进而显著提高分析师预测的准确性[1][2][3][4][5][6][7][8][9]。而且在这一过程中，分析师在对公司的盈余进行预测时，也会在一定程度上解读公司的社会责任报告（非财务信息），但结果并不显著[10]。但有结论发现分析师盈余预测准确性与公司社会责任报告披露质量之间呈显著正相关关系，并且这种关系在财务透明度不高的公司中更为明显，与杨明秋等（2012）的结论出现了差异，说明了公司社会责任报告披露对财务信息透明度显著的提升作用[11][12][13]。当然，也有学者发现分析师预测准确性与行业专长之间的显著正向关系会被高质量的信息披露有所削弱，以及由于会

① 李馨子，肖土盛．管理层业绩预告有助于分析师盈余预测修正吗［J］．南开管理评论，2015（2）：30－38．

② 卢清昌．信息披露质量对分析师预测的影响［J］．技术经济与管理研究，2014（12）：115－119．

③ 魏紫．企业无形资产资本化与证券分析师盈余预测：影响机理与制度背景［D］．长春：吉林大学，2010．

④ 徐向艺，高传贵，方政．分析师预测存在信息披露的"功能锁定"吗？［J］．华东经济管理，2017（10）：136－142．

⑤ 张文，王昊，苑珺．信息质量与证券分析师预测精度［J］．江西财经大学学报，2015（2）：50－58．

⑥ Bhat, G., Hope, O. - K. and Kang, T. Does corporate governance transparency affect the accuracy of analyst forecasts? ［J］. Accounting and Finance, 2006（46）：715－732.

⑦⑧ Byard D., Shaw K. W. Corporate Disclosure Quality and Properties of Analysts' Information Environment ［J］. Journal of Accounting, Auditing & Finance, 2003, 4：355－378.

⑨ 徐鑫，朱雯君．产品市场竞争、公司治理与分析师盈利预测质量［J］．山西财经大学学报，2016（3）：56－67．

⑩⑫ 杨明秋，潘妙丽，崔媛媛．分析师盈利预测是否利用了非财务信息——以上市公司披露的社会责任报告为例［J］．中央财经大学学报，2012（9）：84－89．

⑪ 李晚金，张莉．非财务信息披露与分析师预测——基于深市上市公司企业社会责任报告的实证研究［J］．财经理论与实践（双月刊），2014（9）：69－74．

⑬ 张正勇，胡言言，吉利．社会责任报告鉴证能够降低分析师盈利预测偏差吗？［J］．审计与经济研究，2017（5）：85－95．

计准则的变革，导致分析师报告中包含更多的行业和市场信息，企业的私有信息含量降低，从而最终使得分析师盈余预测准确性下降[1][2]。除此之外，研究发现公司规模、行业因素、分析师认知偏差、未来盈余的可预见性、利益冲突以及其他一些因素也会显著影响分析师预测准确性。

虽然可能会因为存在上一章已述的几种情况，导致关键审计事项准则的实施效果受限，但是关键审计事项准则的实施给资本市场提供有效增量信息的可能性会更大一些，且能够实现准则制定者最初的期望（财政部，2016），原因在于：首先，关键审计事项的披露有助于分析师基于自身有限的注意力来关注年报中重要的公司个性化信息，使其信息目标更加明确；其次，关键审计事项准则的规定直接把部分私有信息转变为公共信息，降低了分析师搜集和解读信息的成本，也增加了分析师的信息来源，说明关键审计事项段披露的内容包含有公司个性化信息；再次，另一个说明关键审计事项段披露的内容包含有公司个性化信息的理由是：公司相关事项如果由管理层披露，可能会被质疑，但由作为独立第三方的审计师来披露的话就会产生可信来源效应，为使用者所信任（王木之等，2019）；最后，关键审计事项的披露包含内容涉及公司年报中的重大特别风险、重大不确定性及重大交易或事项，且较为细化，这为分析师预测提供了比较丰富的素材[3]。综上所述，关键审计事项准则实施可以提高审计报告的信息含量，帮助分析师进一步挖掘和解读公司个性化信息，为其预测信息提供了与实际盈余更为接近的信息素材，进而增进市场的信息效率和资本配置效率。

基于以上分析，将本节研究的核心问题用以下三个假设的方式提出：

H4-1：限定其他条件，关键审计事项披露之后，分析师预测准确

---

① 刘永泽，高嵩. 信息披露质量、分析师行业专长与预测准确性——来自我国深市 A 股的经验证据 [J]. 会计研究，2014（12）：60-65.

② 徐广成，于悦，陈智. 信息环境变化、投资者信息解读与特质信息含量 [J]. 系统工程理论与实践，2016（9）：2226-2239.

③ 王木之，李丹. 新审计报告和股价同步性 [J]. 会计研究，2019（1）：86-92.

性会显著提高。

H4-2：限定其他条件，披露的关键审计事项文本可读性与分析师预测准确性显著正相关。

H4-3：限定其他条件，披露的关键审计事项类型会引起分析师预测准确性发生显著变化。

第二节　研究设计

一、样本来源及选择

本章选取 2015～2016 财年作为研究区间（注：对应的分析师预测准确性数据均滞后一期），以全部 A 股上市公司作为初始研究样本，并按照以下原则对数据进行筛选和剔除：（1）由于同一分析师或团队在同一年度内对同一家上市公司发布了不止一份研究报告的，本章保留最后一份研究报告的数据（Clement and Tse，2005）；（2）剔除金融行业样本和 ST 类上市公司；（3）将率先试点执行关键审计事项准则的"A＋H"股上市公司作为处理组，选择模型（1）所有控制变量作为匹配变量，按照 1：3 的近邻匹配原则，从其他 A 股公司（暂未执行）中匹配对照组样本。剔除未成功匹配的样本后，最终得到处理组样本 97 个，对照组样本 176 个，共 273 个"公司—年度"样本[①]。

对所有连续变量在 1%～99% 分位上进行缩尾处理，消除异常值对回归结果的影响。本节相关财务数据来自国泰安（CSMAR）数据库，盈余透明度的数据和关键审计事项的数据是由笔者分别根据 DIB（迪博）内部控制与风险管理数据库（内部控制缺陷库）和巨潮资讯网

---

① Clement M，Tse S Y. Financial Analyst Characteristics and Herding Behavior in Forecasting [J]. The Journal of Finance，2005，60（1）：307－341.

（上市公司年度财务报告）手工整理得到。相关数据处理和回归分析用 Stata14.0 软件完成。

二、变量定义

（一）被解释变量

参考马晨等（2013）和史永等（2014）的已有研究方法，本节研究的被解释变量分析师预测偏差（Ferror）为公司层面的预测偏差，具体用某个公司的所有分析师最后一次盈余预测之均值减去实际每股收益后的绝对值再除以实际每股收益的绝对值来衡量[1][2]。

$$\text{Ferror} = \mid \text{MEPS}_{it} - \text{AEPS}_{it} \mid / \mid \text{AEPS}_{it} \mid \qquad (4.1)$$

其中，MEPS_{it} 表示第 i 家公司第 t 年中所有分析师最后一次盈余预测的均值；AEPS_{it} 表示第 i 家公司第 t 年的实际每股收益（EPS）。市场信息、行业信息和公司信息披露越充分、真实和相关，分析师对其解读越充分，预测偏差 Ferror 就越小，反过来就表示分析师盈余预测越准确。

（二）解释变量

变量 POST 为年份虚拟变量，关键审计事项披露后（即 "A + H" 股公司于 2017 年 1 月 1 日起率先执行，对应 2016 年度审计报告）取 1，披露之前取 0；TREAT 为分组虚拟变量，处理组取 1，控制组取 0。POST × TREAT 为上述两个变量的交互项，相应的回归系数 λ_3 是关注的重点，它反映相比控制组公司，处理组公司在关键审计事项披露之后分析师预测准确性的变化。若披露之后，被解释变量显著提高，则预

---

[1] 马晨，张俊瑞，李彬. 财务重述对分析师预测行为的影响研究 [J]. 数理统计与管理，2013（2）：221−231.

[2] 史永，张龙平. XBRL 财务报告对分析师预测的影响研究 [J]. 宏观经济研究，2014（8）：121−132.

计 λ_3 显著为正；否则预计 λ_3 不显著。

（三）控制变量

本节还控制了公司层面会对分析师预测质量产生影响的变量。主要有代表公司规模（Size）的指标，采取公司总资产取自然对数的方式计算得来。无形资产占比（Itang）。本节还控制了企业的资产收益率（Roa）、企业资产负债率（Lev）、企业市值账面价值比率（Mb）、企业上一年是否超过分析师一致预测（Badnews）（超过取 0，未超过取值为 1）、公司实际盈余超过分析师一致预期值的大小（Aue）、企业是否是国企（Soe）、公司上市年数（Age）。最后，为了减少分析师与机构持股利益冲突给分析师预测行为带来的影响，对每家公司的机构持股比例（Holder）和行业固定效应进行控制。

三、模型构建

为检验本章假设，即关键审计事项披露对分析师预测准确性的影响问题。依据以往相关研究（王木之等，2019），建立模型（4.2）与模型（4.3）[①]。

$$Ferror = \lambda_0 + \lambda_1 POST + \lambda X + \sum IND + \varepsilon \qquad (4.2)$$

$$Ferror = \lambda_0 + \lambda_1 POST + \lambda_2 TREAT + \lambda_3 POST$$
$$\times TREAT + \lambda X + \sum IND + \varepsilon \qquad (4.3)$$

模型（4.2）为检验关键审计事项披露对分析师预测准确性影响的期前期后检验模型；模型（4.3）为检验关键审计事项披露对分析师预测准确性影响的双重差分模型，检验假设 4-1，其中待检验的系数是 λ_3。模型（4.2）和模型（4.3）的变量定义与说明如表 4-1 所示。

---

① 王木之，李丹. 新审计报告和股价同步性 [J]. 会计研究，2019（1）：86-92.

表 4 - 1 　　　　　　　　　　**变量定义与说明**

变量符号	定义与说明
Ferror	分析师预测偏差，用某个公司的所有分析师最后一次盈余预测之均值减去实际每股收益后的绝对值再除以实际每股收益的绝对值来衡量
POST	关键审计事项披露之后取 1，披露之前取 0
TREAT	分组虚拟变量，若是处理组取 1，控制组取 0
Size	公司规模，用资产总额的自然对数表示
Itang	无形资产占比，用无形资产占总资产的比重表示
Lev	资产负债率，等于负债总额除以总资产总额
Aue	公司上一年实际 EPS 超过分析师一致预期值的大小
Age	上市年数，用上市年数加 1 后再取自然对数计算表示
Roa	资产收益率，等于净利润与总资产之比
BM	账面市值比，等于资产账面价值与市值之比
Badnews	公司上一年实际 EPS 是否超过分析师的一致预测，超过取 0，不超过取 1
Holder	机构持股比例，等于各类机构持股比例之和
Soe	产权性质，若上市公司属于国有企业，则取 1，反之，则取 0

第三节　实证分析与结果描述

一、描述性统计

表 4 - 2 报告了描述性统计结果。分析师预测误差（Ferror）的均值为 0.516，中位数为 0.162。公司规模（Size）的均值为 24.694，标准差为 1.121，表明不同样本公司的规模存在较大差异。无形资产占比（Itang）的均值为 0.065，表明样本公司平均信息透明度为 6.5%。资产负债率（Lev）的均值为 0.573，表明平均负债水平为 57.3%。公司上一年实际 EPS 与分析师预测结果比较（Aue）的均值为 -0.139，表

明分析师预测普遍存在着乐观现象。总资产收益率（Roa）的均值为
0.052，表明样本公司的总资产收益率平均值为5.2%，拥有一定的盈
利能力。账面市值比（BM）的均值为1.813，标准差为1.250，表明
不同公司的资产账面价值与市值之比差异较大。公司上一年实际EPS
是否超过分析师一致预期值（Badnews）的均值为0.711，进一步证实
分析师预测普遍存在着乐观现象。机构持股比例（Holder）的均值为
5.434，标准差为4.263，表明不同样本公司被机构持股的比例差异较
大。产权性质（Soe）的均值为0.755，表明样本公司中国有企业占全
样本的比例约为75.5%。此外，样本倾向得分匹配效果较好，表现为
处理组与控制组公司各控制变量的均值差异均不显著。

表 4 - 2 描述性统计

变量	样本	样本量	均值	标准差	最小值	中位数	最大值	处理组 - 控制组均值差异
Ferror	全样本	273	0.516	1.271	0.002	0.162	9.800	0.061 ** (2.03)
	处理组	97	0.358	1.120	0.002	0.178	9.800	
	控制组	176	0.603	1.350	0.002	0.160	9.800	
Size	全样本	273	24.694	1.121	21.535	24.853	26.175	-0.317 (1.33)
	处理组	97	24.799	1.038	22.226	25.139	26.175	
	控制组	176	24.636	1.151	21.535	24.707	26.175	
Itang	全样本	273	0.065	0.081	0.000	0.036	0.331	0.001 (0.10)
	处理组	97	0.064	0.078	0.000	0.039	0.331	
	控制组	176	0.065	0.083	0.000	0.033	0.331	
Lev	全样本	273	0.573	0.186	0.059	0.609	0.880	-0.004 (-0.18)
	处理组	97	0.575	0.172	0.141	0.620	0.815	
	控制组	176	0.571	0.195	0.059	0.605	0.880	
Aue	全样本	273	-0.139	0.293	-1.340	-0.050	0.380	-0.031 (-0.88)
	处理组	97	-0.120	0.251	-1.340	-0.048	0.140	
	控制组	176	-0.150	0.313	-1.340	-0.050	0.380	

续表

变量	样本	样本量	均值	标准差	最小值	中位数	最大值	处理组－控制组均值差异
Age	全样本	273	2.596	0.546	0.693	2.773	3.178	0.098 (1.46)
	处理组	97	2.532	0.516	1.386	2.639	3.178	
	控制组	176	2.631	0.560	0.693	2.833	3.178	
Roa	全样本	273	0.052	0.047	-0.112	0.045	0.222	0.001 (0.20)
	处理组	97	0.051	0.044	-0.063	0.046	0.222	
	控制组	176	0.052	0.048	-0.112	0.045	0.222	
BM	全样本	273	1.813	1.250	0.139	1.156	4.550	-0.000 (-0.00)
	处理组	97	1.813	1.124	0.354	1.389	4.550	
	控制组	176	1.813	1.272	0.156	1.476	4.550	
Badnews	全样本	273	0.711	0.454	0	1	1	0.015 (0.26)
	处理组	97	0.701	0.460	0	1	1	
	控制组	176	0.716	0.452	0	1	1	
Holder	全样本	273	5.434	4.263	0.111	4.617	20.420	-0.566 (-1.06)
	处理组	97	5.070	4.123	0.111	3.920	20.420	
	控制组	176	5.635	4.336	0.220	4.855	20.420	
Soe	全样本	273	0.755	0.431	0	1	1	-0.077 (-1.46)
	处理组	97	0.804	0.399	0	1	1	
	控制组	176	0.727	0.447	0	1	1	

注：括号中的数字为 T 值。***、**、*分别表示在 1%、5% 和 10% 水平上显著。

二、多元线性回归及分析

为检验关键审计事项披露对分析师预测准确性的影响，将相关变量代入模型（4.2）和模型（4.3）中，多元回归结果如表 4 - 3 所示。

表 4 – 3　关键审计事项披露对分析师预测准确性影响的相关检验

变量	（1）	（2）	（3）
	期前期后检验	双重差分检验	PSM – DID
POST	– 0. 784 ** （ – 2. 04）	0. 216 *** （3. 79）	0. 717 （0. 87）
TREAT		0. 414 * （1. 90）	1. 981 ** （1. 98）
POST × TREAT		– 0. 792 *** （ – 2. 72）	– 2. 858 ** （ – 2. 22）
Size	– 0. 316 （ – 0. 74）	– 0. 043 （ – 1. 06）	– 0. 617 （ – 1. 16）
Itang	– 5. 009 （ – 0. 76）	0. 119 （0. 19）	0. 152 （0. 02）
Lev	0. 648 （0. 22）	0. 729 *** （3. 55）	6. 043 * （1. 79）
Aue	– 0. 453 （ – 0. 45）	– 0. 488 *** （ – 3. 87）	1. 470 （1. 13）
Age	– 0. 093 （ – 0. 15）	0. 113 ** （2. 23）	– 0. 469 （ – 0. 67）
Roa	3. 567 *** （4. 20）	– 0. 296 （ – 0. 50）	10. 079 （0. 90）
BM	1. 039 ** （2. 53）	0. 415 *** （6. 70）	5. 027 * （1. 88）
Badnews	– 0. 404 （ – 0. 72）	– 0. 100 （ – 1. 29）	0. 796 （0. 96）
Holder	– 0. 069 （ – 1. 04）	0. 011 （ – 1. 58）	0. 068 （0. 81）
Soe	0. 070 （0. 10）	– 0. 067 （ – 0. 88）	– 0. 274 （ – 0. 31）

续表

变量	（1）	（2）	（3）
	期前期后检验	双重差分检验	PSM－DID
Constant	7.759 (0.71)	1.449 (1.54)	9.944 (0.83)
Industry	YES	YES	YES
Observations	116	3115	273
Adjusted R²	0.3001	0.1185	0.1227

注：括号中的数字为 T 值。***、**、* 分别表示在1%、5% 和10% 水平上显著。

　　表 4 - 3 第（1）列报告了关键审计事项披露对分析师预测准确性的期前期后检验结果，结果显示 POST 的回归系数在10% 水平上显著为负，说明关键审计事项披露使得分析师预测准确性显著提高了；表 4 - 3 第（2）列报告了全样本双重差分检验模型的回归结果，结果显示交互项 POST×TREAT 的回归系数亦在1% 水平上显著为负，说明关键审计事项披露前后，处理组公司的分析师预测准确性确实显著增加了，为了消除样本自选择问题，我们对全样本实施 PSM；在表 4 - 3 第（3）列报告了关键审计事项披露对分析师预测准确性影响的 PSM－DID 检验模型的回归结果。交互项 POST×TREAT 的回归系数均在5% 水平上显著为负，表明处理组公司在关键审计事项披露后，其分析师预测准确性显著提高了。以上结果都表明与2015 年相比，处理组公司2016 年在关键审计事项披露后分析师预测准确性显著增加，说明分析师预测准确性的增加确系关键审计事项披露导致。

　　从表 4 - 3 第（3）列控制变量的回归结果来看，资产负债率（Lev）的回归系数显著为正，说明公司资产负债率越高，分析师预测越不准确；账面市值比（BM）的回归系数显著为正，说明公司账面市值比越高，即公司账面价值和市值差异越大，分析师预测误差越大。上述控制变量的结果与徐鑫等（2016）和刘会芹等（2018）的研究结论一致①②。

三、稳健性检验

为了保证本章研究结论的稳健性，在模型建立阶段对模型中变量的共线性问题进行了测试，模型的变量之间不存在严重的共线性问题。在多元回归阶段，对模型中变量的方差膨胀因子进行了检测，多元回归变量的平均膨胀系数均在 2 左右。这说明本章的变量选取较为合理。同时在多元回归阶段，对模型中的连续变量进行去中心化处理。减少由于数据本身带来的变量之间的多重共线性，且在交乘检验时可以使结论的解释更加合理。除了进行上述的检验和处理外，本节还进行了以下的稳健性检验。

（一）安慰剂检验

这个检验的原理是观察双重差分模型的回归结果在政策实施时点被人为地提前或者推后是否依然成立。如果不再成立，表示确系政策实施导致了处理组和控制组样本之间的差异；反之，则表示是其他原因导致了上述差异。按照这一研究思路，本节将"A + H"股公司率先实施关键审计事项准则的时间人为提前两年，使得所有研究样本处于落入 2013 ~ 2014 年，即落入政策实施前的两个年度，随后按照2015 ~ 2016 年研究期间同样比例（按照 1∶3 的近邻匹配原则）进行 PSM，从其他 A 股公司中匹配对照组样本。剔除未成功匹配的样本后，最终得到处理组样本 97 个，对照组样本 155 个，共 252 个"公司—年度"样本，随后再执行双重差分检验（DID）。表 4 – 4 第（1）列报告了安慰剂检验的回归结果，交互项 POST × TREAT 的回归系数为正，且

---

① 刘会芹，施先旺. 企业战略差异对分析师行为的影响 [J]. 山西财经大学学报，2018（1）：112 – 123.

② 徐鑫，朱雯君. 产品市场竞争、公司治理与分析师盈利预测质量 [J]. 山西财经大学学报，2016（3）：56 – 67.

在统计上不显著，且回归系数的方向与 2015～2016 年度的回归系数方向相反。说明政策实施时点被人为提前两年之后，原有结论不再成立，意味着引起处理组和控制组样本分析师预测准确性发生变化确系关键审计事项披露引起的。已有研究结论依然成立。

表 4 - 4 关键审计事项披露对分析师预测准确性影响的稳健性检验

变量	（1）安慰剂检验	（2）更换被解释变量	（3）更换控制变量
POST	0.443 (1.29)	0.484 (1.54)	0.735 ** (2.36)
TREAT	-0.318 (-0.86)	0.482 (1.27)	0.633 * (1.67)
POST × TREAT	0.234 (0.49)	-1.021 ** (-2.09)	-1.158 ** (-2.39)
Size	-0.016 (-0.08)	-0.338 * (-1.68)	
Itang	0.126 (0.04)	1.173 (0.39)	2.070 (0.70)
Lev	0.892 (0.77)	3.405 *** (2.66)	3.190 ** (2.60)
Aue	-0.748 (-0.99)	0.932 * (1.89)	0.843 * (1.71)
Age	0.025 (0.10)	-0.071 (-0.27)	0.097 (0.37)
Roa	-5.557 (2.02)	3.036 (0.71)	2.643 (0.65)
BM	0.476 (0.47)	1.645 (1.62)	
Badnews	-0.025 (-0.08)	0.298 (0.95)	0.377 (1.20)

续表

变量	（1）	（2）	（3）
	安慰剂检验	更换被解释变量	更换控制变量
Holder	-0.017 (-0.43)	0.031 (0.98)	0.022 (0.69)
Soe	-0.896 ** (-2.48)	-0.102 (-0.30)	0.015 (0.05)
Income			-0.113 (-0.80)
Growth			-1.009 ** (-2.40)
Constant	2.252 (0.48)	5.454 (1.20)	4.136 ** (2.42)
Industry	YES	YES	YES
Observations	252	272	273
Adjusted R^2	0.1177	0.0452	0.0454

注：括号中的数字为 T 值。 *** 、 ** 、 * 分别表示在 1% 、5% 和 10% 水平上显著。

（二）更换分析师预测准确性的计算方法

借鉴已有研究成果，把被解释变量分析师预测误差（Ferror）更换为（Ferror_med），表示第 i 家公司第 t 年中所有分析师最后一次盈余预测的中位数。表 4-4 第（2）列报告了关键审计事项披露对分析师预测准确性的影响，交互项 POST × TREAT 的回归系数在 5% 水平上显著为负，说明相比较控制组公司，处理组公司在关键审计事项披露之后，分析师预测准确性显著提高。已有研究结论依然成立。

（三）更换控制变量的衡量

把公司规模（Size）更换为营业收入（Income），并采用同样的方法对数据进行处理；把账面市值比（BM）更换为营业收入增长率

（Growth）。表 4 - 4 第（3）列报告了更换控制变量后的双重差分检验（DID）结果，交互项 POST × TREAT 的回归系数在 5% 水平上显著为负，意味着关键审计事项披露之后，处理组公司的分析师预测准确性显著提高。已有研究结论依然成立。

第四节　进一步研究

一、关键审计事项披露对分析师预测准确性影响的治理机制研究

（一）基于盈余管理的调节作用

关键审计事项准则实施很有可能对审计师行为产生积极影响，促使审计师提高其审计质量，进而抑制公司的盈余管理行为。作为关键审计事项准则实施的重点，披露关键审计事项提供了审计师更多有关审计过程、审计师职业判断等私有信息，能够解决改革前的审计报告存在的诸多问题，使这些私有信息转变为公共信息，从而降低信息差距，提高资本市场信息效率。而且对审计师而言，原本只会呈现在审计工作底稿里的内容，被纳入审计报告公开披露并接受市场检验，导致其法律责任增加，那么审计师的执业过程可能会更加谨慎（Gimbar，2016）。因此，当产生针对财务问题产生意见分歧时，审计师会保持较高的独立性，保证审计质量不受损害①。

本节借鉴波尔和希瓦库马尔（Ball and Shivakumar，2006）提出的计算应计利润的模型计算 DA，盈余管理水平用 DA 绝对值（ABSDA）

① Gimbar C，Hansen B，Ozlanski M. The Effects of Critical Audit Matter Paragraphs and Accounting Standard Precision on Auditor Liability ［J］. The Accounting Review，2016，91（6）：1629 - 1646.

来衡量，其数值越大，表示盈余管理水平越高。表4-5分组检验了盈余管理水平对关键审计事项披露与分析师预测准确性的调节作用。第（1）列回归结果显示交互项 POST × TREAT 的回归系数显著为负；第（2）列回归结果显示交互项 POST × TREAT 的回归系数为正，但在统计上不显著。上述回归结果意味着相比于盈余管理水平低的公司，关键审计事项披露对分析师预测准确性的提升作用在盈余管理水平高的公司更为明显，这表明在一定程度上，公司不同的盈余管理水平亦可部分解释关键审计事项披露为什么会带来分析师预测准确性的提升。因为关键审计事项准则的实施使分析师通过收集信息的成本下降、质量更高（公共信息获取成本等于或接近于0），在这种情况下，分析师对盈余管理水平低的公司进行盈余预测的准确性提升空间可能不大，故分析师对盈余管理水平高的公司进行盈余预测的准确性可能大幅攀升。

表4-5　　关键审计事项披露对分析师预测准确性影响的治理机制检验1

变量	(1)	(2)
	DA 高	DA 低
POST	0.327 (1.19)	-0.081 (-0.19)
TREAT	0.847** (2.44)	-0.485 (-0.92)
POST × TREAT	-1.358*** (-3.00)	0.902 (1.31)
Size	-0.216 (-1.26)	-0.431 (-1.42)
Itang	-2.885 (-0.87)	2.691 (0.72)
Lev	1.849 (1.46)	2.199 (1.36)

续表

变量	（1）	（2）
	DA 高	DA 低
Aue	0.892 ** （2.11）	− 2.770 *** （− 3.44）
Age	0.048 （0.20）	− 0.585 （− 1.56）
Roa	5.740 （1.56）	− 1.022 （− 0.14）
BM	2.815 *** （2.99）	4.110 *** （3.11）
Badnews	0.430 （1.52）	− 1.118 ** （− 2.43）
Holder	0.002 （0.05）	0.039 （0.87）
Soe	− 1.111 （− 0.35）	− 0.953 ** （− 2.15）
Constant	4.964 （1.35）	9.552 （1.42）
Industry	YES	YES
Observations	139	134
Adjusted R^2	0.1029	0.1839

注：括号中的数字为 T 值。*** 、** 、* 分别表示在 1%、5% 和 10% 水平上显著。

（二）基于盈余透明度的调节作用

关键审计事项披露了更多公司和审计师的私有信息，使得公司盈余信息和审计过程信息更加透明（PCAOB，2017），进而降低投资者和分析师搜集私有信息的成本（Gul et al.，2010；Su et al.，2015），在这种情况下，对于盈余透明度高的公司，投资者无须费时费力就能够自己对未来盈利状况进行解读和预测，且预测准确性也可能不低，分析师对这类公司进行盈余预测的准确性提升空间可能也不大，故分析师对盈余透明度低的公司进行盈余预测的准确性可能大幅攀升，因为这类公司在"低起点，高要求"的自身信息环境和关键审计事项披露环境的双重作用下，分析师的预测准确提升空间更大①。我们检验了盈余透明度是否会调节关键审计事项披露对分析师预测准确性的影响。

本节借鉴王木之等（2019），定义公司前三年没有发生财务重述（NRS）来代理盈余透明度高，取值为1，否则取值为0。表4-6分组检验了盈余透明度对关键审计事项披露与分析师预测准确性的调节作用②。第（1）列回归结果显示交互项 POST × TREAT 的回归系数为负，但统计上不显著；第（2）列回归结果显示交互项 POST × TREAT 的回归系数显著为负。上述回归结果意味着相比于盈余透明度高的公司，关键审计事项披露对分析师预测准确性的提升作用在盈余透明度低的公司更为明显，这表明在一定程度上，公司不同的盈余透明度亦可部分解释准则实施为什么会带来的分析师准确性的提高，其中的原因与盈余管理起调节作用的原因类似，在这里就不再赘述。

表4-6 关键审计事项披露对分析师预测准确性影响的治理机制检验2

变量	(1) 盈余透明度高	(2) 盈余透明度低
POST	-0.298 (-0.52)	0.606 (1.55)
TREAT	-0.324 (-0.40)	1.093 ** (2.39)

① Gu Z, Li Z, Yang Y G. Monitors or Predators: The Influence of Institutional Investors on Sell - Side Analysts [J]. The Accounting Review, 2013, 88 (1): 137 - 169.

② 王木之，李丹. 新审计报告和股价同步性 [J]. 会计研究, 2019 (1): 86 - 92.

续表

变量	(1)	(2)
	盈余透明度高	盈余透明度低
POST × TREAT	−0.528 (−0.60)	−1.188 ** (−2.05)
Size	0.054 (0.13)	−0.187 (−0.75)
Itang	4.402 (0.95)	−3.065 (−1.07)
Lev	3.110 (1.33)	−0.013 (−0.01)
Aue	−1.971 (−1.24)	−0.076 (−0.11)
Age	−0.525 (−0.78)	−0.256 (−0.78)
Roa	6.311 (0.79)	2.497 (0.61)
BM	2.467 (1.23)	2.436 ** (2.02)
Badnews	−0.077 (−0.11)	−0.336 (−0.84)
Holder	−0.029 (−0.41)	−0.013 (−0.35)
Soe	−0.304 (−0.42)	−0.982 ** (−2.44)
Constant	−1.409 (−0.15)	5.609 (1.04)
Industry	YES	YES
Observations	87	186
Adjusted R^2	0.0245	0.0475

注：括号中的数字为 T 值。*** 、** 、*分别表示在1%、5%和10%水平上显著。

二、关键审计事项文本特征、事项类型与分析师预测准确性的回归结果

（一）关键审计事项文本特征与分析师预测准确性的回归结果

接下来我们探讨关键审计事项文本特征、关键审计事项类型等问题的探讨是利用 2016～2017 年年报披露关键审计事项的样本公司数据（2017 年试点实施数据与 2018 年全面实施数据），构建模型（4.4）检验关键审计事项文本特征、关键审计事项类型对分析师预测准确性的影响。检验假设 4－2 与假设 4－3。

$$\text{Ferror} = \sigma_0 + \sigma_1 X + \text{Controls} + \varepsilon \tag{4.4}$$

其中，X 表示关键审计事项文本特征、关键审计事项类型，回归系数 σ_1 反映上述关键审计事项诸多特征对分析师预测准确性的影响。

本节参考已有研究成果，定义变量关键审计事项的数目（KAM）为每年每个上市公司审计报告中披露的关键审计事项个数；定义关键审计事项文本篇幅（WORDS）为每年每个上市公司审计报告中披露的所有关键审计事项的汉字数；定义文本可读性的其中一个指标为文本的迷雾指数（Fog Index）（以下简称 Fog）（王艳艳等，2018）[①]。定义句均字数（PC_ChiWord）与句均词数（PC_Voc）分别为关键审计事项段的汉字数和词语数除以句尾标点符号的总和，均用来衡量文本复杂性；定义常用字字数（ComWord）表示关键审计事项段描述的汉字和词语中，《现代汉语语料库字频表》所包含的字数，衡量文本的可理解性；定义常用词词数（ComVoc）表示关键审计事项段描述的词语中，《现代汉语语料库词频表》所包含的词数，衡量文本的可理解性

[①] 王艳艳，许锐，王成龙，等. 关键审计事项段能够提高审计报告的沟通价值吗？［J］. 会计研究，2018（6）：86－93.

（Loughran and McDonald，2014；陈霄，2018）①②。而文本复杂性和可理解性是作为文本可读性的另外一个表现形式，亦即文本复杂性越低或文本可理解性越高，其可读性越高。

表4-7报告了关键审计事项文本特征对分析师预测准确性的影响。第（1）列检验了迷雾指数（Fog）对分析师预测准确性的影响，迷雾指数（Fog）的回归系数在5%水平上显著为正；第（2）列检验了常用字字数（ComWord）对分析师预测准确性的影响，常用字字数（ComWord）的回归系数在10%水平上显著为负；第（3）列检验了常用词词数（ComVoc）对分析师预测准确性的影响，常用词词数（Com-Voc）的回归系数在10%水平上显著为负。除此之外，关键审计事项数目（KAM）与关键审计事项文本篇幅（WORDS）的回归系数均为负，但在统计上均不显著；关键审计事项句均字数（PC_ChiWord）与句均词数（PC_Voc）的回归系数均为正，但在统计上均不显著，故均未在表中进行列示。

综上所述，这些结果意味着关键审计事项文本可读性越强的上市公司，其分析师预测准确性越高。原因可能在于关键审计事项的可理解性更高，那么使用者的阅读和理解的时间可以缩短，对信息的理解和吸收就更为充分，进而影响其预测准确性。

表4-7　关键审计事项文本特征与分析师预测准确性的回归结果

变量	（1）	（2）	（3）
	Ferror	Ferror	Ferror
Fog	0.006 ** （2.00）		

---

① 陈霄，叶德珠，邓洁. 借款描述的可读性能够提高网络借款成功率吗［J］. 中国工业经济，2018（3）：174-192.

② Loughran，T.，McDonald，B. Measuring Readability in Financial Disclosures［J］. Journal of Finance，2014，69（4）：1643-1671.

续表

变量	(1)	(2)	(3)
	Ferror	Ferror	Ferror
ComWord		−0.306 * (−1.76)	
ComVoc			−0.338 * (−1.86)
Size	−0.054 (−0.96)	−0.050 (−0.89)	−0.050 (−0.88)
Itang	−0.764 (−0.79)	−0.815 (−0.84)	−0.810 (−0.83)
Lev	1.038 *** (3.06)	0.995 *** (2.92)	1.032 *** (3.04)
Aue	−0.181 (−0.69)	−0.149 (−0.57)	−0.153 (−0.59)
Age	−0.006 (−0.08)	−0.002 (−0.02)	−0.009 (−0.11)
Roa	−2.671 *** (−2.66)	−3.197 *** (−2.90)	−2.648 *** (−2.63)
BM	−0.100 (−1.22)	−0.092 (−1.14)	−0.089 (−1.09)
Badnews	0.199 (1.60)	0.208 * (1.67)	0.210 (1.69)
Holder	−0.002 (−0.18)	−0.002 (−0.15)	−0.001 (−0.11)
Soe	−0.459 *** (−3.90)	−0.470 *** (−3.99)	−0.478 *** (−4.06)

续表

变量	（1）	（2）	（3）
	Ferror	Ferror	Ferror
Constant	2.214 (1.54)	4.294 ** (2.28)	4.136 ** (2.42)
Industry	YES	YES	YES
Year	YES	YES	YES
Observations	1459	1459	1459
Adjusted R^2	0.0455	0.0451	0.0454

注：括号中的数字为 T 值。 ***、**、* 分别表示在 1%、5% 和 10% 水平上显著。

（二）关键审计事项类型与分析师预测准确性的回归结果

1. 关键审计事项类型与分析师预测准确性的回归结果

根据对关键审计事项披露现状的手工整理统计结果显示，自 2016 年关键审计事项准则实施试点到 2017 年全面实施，我国上市公司共披露关键审计事项 7426 项。其中，资产减值事项披露频率最高，占比达到 46.18%；收入确认事项占比次之（32.02%）；股权投资事项、合并报表事项和公允价值计量事项紧随其后，占比分别是 4.73%、1.51% 和 1.17%，因此选择这五个事项进行分析。变量定义方面，变量 Rev 表示收入减值事项是否被审计师确定为关键审计事项，如果是则取 1，否则取 0；变量 Asdep 表示资产减值事项是否被审计师确定为关键审计事项，如果是则取 1，否则取 0；变量 Eqin 表示股权投资减值事项是否被审计师确定为关键审计事项，如果是则取 1，否则取 0；变量 Fv 表示公允价值减值事项是否被审计师确定为关键审计事项，如果是则取 1，否则取 0；变量 Confi 表示合并报表事项是否被审计师确定为关键审计事项，如果是则取 1，否则取 0。

表 4 - 8 报告了关键审计事项类型对分析师预测准确性的影响。第（1）列检验了收入确认事项（Rev）对分析师预测准确性的影响，收入确认事项（Rev）的回归系数在 1% 水平上显著为负；第（2）列、

第（4）列和第（5）列检验了资产减值事项（Asdep）、公允价值计量事项（Fv）与合并报表事项（Confi）对分析师预测准确性的影响，它们的回归系数均为负，但在统计上均不显著；第（3）列检验了股权投资事项（Eqin）对分析师预测准确性的影响，股权投资事项（Eqin）的回归系数为正，但不显著；第（6）列同时检验了上述事项对分析师预测准确性的共同影响，收入确认事项（Rev）和资产减值事项（Asdep）的回归系数分别在1%和10%水平上显著为负，其余事项的回归系数为负，但在统计上均不显著。说明审计师把收入确认事项和资产减值事项确定为本期审计中最重要的事项，能显著提高分析师预测的准确性。可能的原因在于，这两个事项均涉及利润项目，并且金额较大，公司可能存在为实现特定业绩目标而调节利润、粉饰报表等舞弊行为，且其确认、计量和报告过程较为复杂，审计师重点关注这些高风险领域，有助于识别和评估这些领域的重大错报风险，并谨慎实施有效的应对措施，提高审计质量，为分析师提供质量更高的盈余信息，而分析师基于对这些事项的风险感知，也会更加谨慎地收集和分析更多相关信息，进而提高其预测的准确性。

表 4 - 8   关键审计事项类型与分析师预测准确性的回归结果

变量	（1）	（2）	（3）	（4）	（5）	（6）
	收入确认	资产减值	股权投资	公允价值	合并报表	事项类型
REV	-0.317^{***} (-3.24)					-0.347^{***} (-3.49)
ASDEP		-0.116 (-1.07)				-0.182^{*} (-1.75)
EQIN			0.023 (0.10)			-0.075 (-0.34)
FV				-0.201 (-0.50)		-0.247 (-0.62)

变量	（1）收入确认	（2）资产减值	（3）股权投资	（4）公允价值	（5）合并报表	（6）事项类型
CONFI					-0.214 (-0.50)	-0.259 (-0.61)
Size	-0.091 (-1.54)	-0.075 (-1.27)	-0.079 (-1.34)	-0.079 (-1.33)	-0.078 (-1.32)	-0.083 (-1.41)
Itang	-1.004 (-1.02)	-0.851 (-0.86)	-0.860 (-0.87)	-0.853 (-0.87)	-0.871 (-0.88)	-1.021 (-1.03)
Lev	0.796** (2.38)	0.800** (2.38)	0.794** (2.37)	0.794** (2.37)	0.795** (2.37)	0.806** (2.41)
Aue	-0.102 (-0.39)	-0.114 (-0.43)	-0.110 (-0.42)	-0.107 (-0.40)	-0.109 (-0.41)	-0.102 (-0.39)
Age	0.018 (0.23)	0.030 (0.37)	0.028 (0.35)	0.029 (0.36)	0.027 (0.33)	0.021 (0.26)
Roa	-3.303*** (-2.62)	-3.688*** (-2.92)	-3.592*** (-2.85)	-3.571*** (-2.83)	-3.573*** (-2.83)	-3.377*** (-2.67)
BM	-0.191 (-0.55)	-0.184 (-0.53)	-0.188 (-0.54)	-0.178 (-0.51)	-0.188 (-0.54)	-0.172 (-0.49)
Badnews	0.168 (1.33)	0.164 (1.29)	0.159 (1.25)	0.160 (1.26)	0.159 (1.26)	0.178 (1.41)
Holder	0.002 (0.16)	0.001 (0.07)	0.001 (0.09)	0.001 (0.12)	0.001 (0.09)	0.002 (0.17)
Soe	-0.499*** (-4.19)	-0.493*** (-4.11)	-0.483*** (-4.03)	-0.484*** (-4.05)	-0.480*** (-4.01)	-0.513*** (-4.28)
Constant	3.515** (2.39)	2.982** (2.04)	2.975** (2.03)	2.955** (2.02)	2.948** (2.01)	3.525** (2.40)
Industry	YES	YES	YES	YES	YES	YES
Year	YES	YES	YES	YES	YES	YES
Observations	1513	1513	1513	1513	1513	1513
Adjusted R^2	0.0461	0.0398	0.0391	0.0392	0.0392	0.0457

注：括号中的数字为 T 值。***、**、*分别表示在 1%、5% 和 10% 水平上显著。

2. 资产减值事项具体类型与分析师预测准确性的回归结果

进一步地，本节将资产减值事项的组成部分按照披露频率较高的原则进行细分，取前五个，它们分别是应收账款减值事项、存货减值事项、固定资产减值事项、无形资产减值事项和商誉减值事项，它们在关键审计事项总体中的占比分别是 17.51%、9.77%、1.79%、0.47% 和 11.03%，意欲探究审计师将不同类型的资产减值事项确定为关键审计事项时，对分析师跟踪的影响是否存在差异。其中，变量 Asdep_rec 表示应收账款减值事项是否被审计师确定为关键审计事项，如果是则取 1，否则取 0；变量 Asdep_inv 表示存货减值事项是否被审计师确定为关键审计事项，如果是则取 1，否则取 0；变量 Asdep_fa 表示固定资产减值事项是否被审计师确定为关键审计事项，如果是则取 1，否则取 0；变量 Asdep_int 表示无形资产减值事项是否被审计师确定为关键审计事项，如果是则取 1，否则取 0；变量 Asdep_gw 表示商誉减值事项是否被审计师确定为关键审计事项，如果是则取 1，否则取 0。

表 4 – 9 报告了资产减值事项的具体类型对分析师预测准确性的影响。第（1）列检验了应收账款减值事项对分析师预测准确性的影响，应收账款减值事项（Asdep_rec）的回归系数在 5% 水平上显著为负，表明审计师将应收账款减值事项确认为关键审计事项进行重点关注时，更能显著提高分析师的预测准确性；第（2）列和第（4）列分别检验了存货减值事项和无形资产减值事项对分析师预测准确性的影响，回归系数均为负，但在统计上均不显著；第（3）列和第（5）列分别检验了固定资产减值事项和商誉减值事项对分析师预测准确性的影响，回归系数均为正，但在统计上均不显著；第（6）列同时检验了上述具体事项对分析师预测准确性的共同影响，应收账款减值事项（Asdep_rec）的回归系数在 10% 水平上显著为负，说明审计师虽然确定应收账款减值事项作为本期审计中重要的高风险领域进行关注，并确定为关键审计事项，分析师对这两个高风险领域感知到了风险，并某种程度上提高了预测准确性。

表 4 - 9　资产减值事项具体类型与分析师预测准确性的回归结果

变量	（1）应收账款减值	（2）存货减值	（3）固定资产减值	（4）无形资产减值	（5）商誉减值	（6）资产减值
Asdep_rec	-0.112** (-1.96)					-0.124* (-1.78)
Asdep_inv		-0.087 (-0.72)				-0.074 (-0.60)
Asdep_fa			0.020 (0.12)			0.037 (0.21)
Asdep_int				-0.194 (-0.55)		-0.157 (-0.44)
Asdep_gw					0.073 (0.70)	0.081 (0.76)
Size	-0.078 (-1.32)	-0.075 (-1.27)	-0.079 (-1.34)	-0.076 (-1.30)	-0.080 (-1.35)	-0.075 (-1.25)
Itang	-0.814 (-0.83)	-0.914 (-0.93)	-0.854 (-0.87)	-0.741 (-0.74)	-0.906 (-0.92)	-0.809 (-0.80)
Lev	0.783** (2.33)	0.802** (2.39)	0.793** (2.36)	0.801** (2.38)	0.800** (2.38)	0.799** (2.37)
Aue	-0.108 (-0.41)	-0.114 (-0.43)	-0.109 (-0.41)	-0.109 (-0.41)	-0.111 (-0.42)	-0.109 (-0.41)
Age	0.029 (0.36)	0.027 (0.34)	0.028 (0.35)	0.026 (0.33)	0.026 (0.32)	0.024 (0.29)
Roa	-3.598*** (-2.85)	-3.656*** (-2.89)	-3.587*** (-2.84)	-3.603*** (-2.86)	-3.549*** (-2.81)	-3.606*** (-2.84)
BM	-0.202 (-0.58)	-0.206 (-0.59)	-0.191 (-0.55)	-0.198 (-0.57)	-0.196 (-0.56)	-0.233 (-0.66)
Badnews	0.155 (1.23)	0.159 (1.26)	0.159 (1.26)	0.157 (1.24)	0.157 (1.24)	0.151 (1.19)

续表

变量	（1）应收账款减值	（2）存货减值	（3）固定资产减值	（4）无形资产减值	（5）商誉减值	（6）资产减值
Holder	0.001 （0.09）	0.001 （0.07）	0.001 （0.09）	0.001 （0.07）	0.001 （0.10）	0.001 （0.09）
Soe	－0.484 *** （－4.06）	－0.478 *** （－4.00）	－0.483 *** （－4.04）	－0.484 *** （－4.05）	－0.466 *** （－3.83）	－0.466 *** （－3.82）
Constant	2.955 ** （2.02）	2.941 ** （2.01）	2.965 ** （2.02）	2.931 ** （2.00）	2.988 ** （2.04）	2.917 ** （1.99）
Industry	YES	YES	YES	YES	YES	YES
Year	YES	YES	YES	YES	YES	YES
Observations	1513	1513	1513	1513	1513	1513
Adjusted R^2	0.0399	0.0394	0.0391	0.0393	0.0394	0.0382

注：括号中的数字为 T 值。 *** 、 ** 、 * 分别表示在 1% 、 5% 和 10% 水平上显著。

第五节　本章小结

　　本章运用 2015 ~ 2017 年沪深两市 A 股上市公司的数据，探究了关键审计事项披露和分析师预测准确性的关系。利用关键审计事项准则错层实施的独特性，我们使用 PSM – DID 的方法对政策效果进行检验，并进一步考察会计师事务所、公司盈余管理和公司注册地市场化程度的调节作用，以及关键审计事项文本特征和关键审计事项类型对分析师预测准确性的影响。研究发现：（1）关键审计事项披露使分析师预测准确性显著提升，并且这种关系在盈余管理水平高和盈余透明度低的公司更加明显；（2）关键审计事项文本可读性越高的公司，分析师的预测准确性越高；（3）关键审计事项段中披露越多收入确认事项和资产减值事项的公司，分析师的预测准确性越高；（4）具体地，资产减值事项中披露越多应收账款减值事项的公司，分析师的预测准确性越高。

　　关键审计事项披露使得分析师预测准确性显著提高。总体研究结论揭示了：（1）公司年报（包含审计报告）作为资本市场的重要公开信息来源，对分析师来说，这使其搜集信息的成本下降、质量更高（公共信息获取成本等于或接近于0），是分析师预测准确性提高的总体原因；（2）具体地说，分析师对信息质量和透明度高（盈余管理水平低和盈余透明度高）的公司进行预测的准确性提升空间不大，而另外分析师预测信息透明度低的公司，预测准确性提升空间较大，其收益很可能会增加，在"低起点，高要求"的自身信息环境和关键审计事项披露环境的双重作用下，导致分析师预测准确性的提高在信息质量和透明度低的公司中表现得更为明显。

　　本书表明关键审计事项披露有助于分析师利用公司个性化信息，为当前学术上针对关键审计事项准则实施对分析师预测准确性的影响研究提供了新的经验证据，并希望有助于进一步推动审计实务的发展和完善。本书从公司个性化信息是否能够提高分析师预测准确性的角度对关键审计事项披露效果给予了肯定。本章的结论对关键审计事项准则制定者、分析师及其行业和公司信息披露监管者来说，都具有一定的启示作用。（1）一是关键审计事项的文本可读性方面亟待提高，准则制定者可以要求审计师提高关键审计事项文本可读性，便于审计报告使用者解读和运用，节省他们的解读时间和成本；二是在关键审计事项类型披露方面，应加强对审计师的引导，使其切实落实好对公司重大特别风险、重大不确定性及重大交易或事项领域的识别和披露，特别要针对收入确认事项和资产减值事项（尤其是应收账款减值事项）等敏感性较高的项目，应作为关键审计事项的固定披露项目，进行强制披露。（2）对分析师及其行业来说，一是提高自身的业务能力，通过多种渠道搜集市场、行业和公司信息，提升其预测准确性；二是要行业应继续加强自我监管，维护行业声誉，持续发挥对公司的"治理"角色作用，提升自身的价值，进一步促进资本市场的信息效率；三是引导分析师平衡自身职业声誉、收入和适当向信息环境较差的公司进行倾斜跟踪之间的关系。（3）对公司信息披露监管者来说，应利用在实务中发现的问题以及最新理论研究成果进一步修订关键审计事项准则和相关准则及其配套指南，继续引导实务工作者的关键审计事项披露，适当在相关准则中加入更多以规则为导向的内容，限制审计师的机会主义，并加强对分析师行业的监管。

第五章

关键审计事项披露对分析师预测分歧度影响的实证检验

第一节 理论分析与假设提出

标准审计报告模式的信息供给与分析师和投资者的信息需求之间存在着较大的信息差距，造成这种差距的原因在于，标准审计报告模式统一的格式和标准化的语言，限制了较多决策有用信息的披露与沟通，而分析师和投资者想要获得更多与其经济决策相关的信息。基于上述问题，我国财政部 2016 年 12 月批准印发的 12 项注册会计师审计准则，标志着我国新一轮审计报告改革正式拉开了序幕，其中，新增的《在审计报告中沟通关键审计事项》准则是改革内容中最重要和最明显的变化。准则制定者的主要初衷是与国际审计准则以及其他发达国家审计准则改革尽快趋同，增加审计报告的信息含量，通过使注册会计师披露更多公司个性化信息和审计过程信息，试图同时解决标准化审计报告信息含量不足和财务报告信息过载带给使用者的困扰。对关键审计事项披露的经济后果进行分析，不仅对企业自身生存发展具有重要意义，而且还能够帮助公司利益相关者更全面的认识关键审计事项披露对资本市场资源优化配置的重要作用，也能够在保护投资者利益、完善资本市场信息披露制度以及持续有效推进审计报告改革工作方面发挥一定的积极作用。

第三章已对关键审计事项披露的经济后果研究做了回顾，本章不再赘述。下面主要探讨关键审计事项准则实施对分析师预测分歧度的影响。分析师预测分歧度反映的是不同分析师对同一家企业盈余预测结果的离散程度（Athanassakos and Kalimipalli，2003），预测分歧度越大，说明不同分析师对同一家企业所做的盈余预测越不一致①。对于分析师的预测分歧产生的原因，学术界虽然经过了长期的探究，但一直存在着争议，不能达成一致结论：第一种观点认为分析师的预测分歧是分析师之间异质信念的反映。即由分析师之间的不同观点造成的，不同分析师表现得更加乐观或更加悲观，从而导致了不同的预测结果（Miller，1977；Diether et al.，2002）；第二种观点认为分析师的预测分歧是分析师基于企业信息不对称的考虑，对企业信息不确定的一种反映，它是作为企业的一种信息风险来度量的②。即由分析师对企业未来收益估计的不确定造成的（肖作平和曲佳莉，2013）③④。无论是哪一种观点，都表明分析师预测分歧是资本市场中客观而普遍存在的一种现象。接下来我们主要从分析师预测分歧度影响因素的角度展开文献回顾。

财务信息披露是影响分析师盈余预测分歧度的重要因素，并且完善的制度环境能够弱化他们之间的关系。研究表明会计政策披露、年报信息披露质量、召开新闻发布会、社会责任信息披露、公司盈余质量、无形资产资本化程度（代表财务信息披露质量）、信息披露政策透明度、公司治理信息披露、会计稳健性、风险信息披露频率与分析

---

① Athanassakos, G., Kalimipalli, M. Analyst Forecast Dispersion and Future Stock Return Volatility [J]. Quarterly Journal of Business and Economics, 2003, 42 (1/2): 57 – 78.

② Miller, E. M. Risk, Uncertainty, and Divergence of Opinion [J]. The Journal of Finance, 1977, 32 (4): 1151 – 1168.

③ 肖作平，曲佳莉. 分析师意见分歧、经验与权益资本成本 [J]. 证券市场导报，2013 (9): 18 – 26.

④ Diether, K. B., Malloy, C. J., Scherbina, A. Differences of Opinion and the Cross Section of Stock Returns [J]. The Journal of Finance, 2002, 57 (5): 2113 – 2141.

师预测分歧度均呈负相关关系，之所以信息披露能够降低分析师预测分歧度的原因在于，这些因素能够使公司信息披露数量和质量的提高，丰富和提高了分析师进行盈余预测所需的素材及其质量，对私人信息的利用程度就越小，而对公开披露的信息利用程度就越高，故而他们的预测结果会更加趋于一致，进而提升资本市场整体增量信息供给的质量①②③④⑤⑥⑦⑧⑨⑩⑪⑫。需要特别说明的是，蒋红芸等（2018）的研究结论表明，风险信息披露频率与分析师预测分歧度呈负向相关性，说明我国年报风险信息异质性较弱，有助于改善一般分析师的预测行为⑬。也有学者的研究结论与上述研究结论不尽相同：洛克伦和麦克唐纳（Loughran and McDonald，2014）研究发现，公司 10 - K 文件

① 白晓宇. 上市公司信息披露政策对分析师预测的多重影响研究 [J]. 审计研究，2009 (4)：92 - 112.

② 李丹，贾宁. 盈余质量、制度环境与分析师预测 [J]. 中国会计评论，2009 (4)：351 - 370.

③ 苏治，魏紫. 企业无形资产资本化与分析师盈余预测：理论分析与实证检验 [J]. 会计研究，2013 (7)：70 - 76.

④ 吴锡皓，胡国柳. 不确定性、会计稳健性与分析师盈余预测 [J]. 会计研究，2015 (9)：29 - 36.

⑤ 张子健. 会计稳健性对证券分析师盈利预测的影响分析 [J]. 中南财经政法大学学报，2013 (3)：121 - 128.

⑥ Barron, O. E., C. O. Kile and T. B. O'Keefe. MD&A Quality as Measured by the SEC and Analysts' Earnings Forecasts Contemporary [J]. Accounting Research，1999 (10)：75 - 109.

⑦ Dhaliwal, D., Li, O., Tsang, A., and Yang, Y. Voluntary Nonfinancial Disclosure and the Cost of Equity Capital：The Initiation of Corporate Social Responsibility Reporting [J]. The Accounting Review，2011，86 (1)：59 - 100.

⑧ Francis J., Nanda, D., Olsson, P. Voluntary Disclosure, Earnings Quality, and Cost of Capital [J]. Journal of Accounting Research，2008，46 (1)：53 - 99.

⑨ Hope O. K. Accounting Policy Disclosures and Analysts'Forecasts [J]. Contempo-rary Accounting Research，2003，20：295 - 321.

⑩ Lang M. H., Lundholm R. J. Corporate Disclosure Policy and Analyst Behavior [J]. Accounting Review，1996，71 (4)：467 - 492.

⑪ Mayew, W. J. Evidence of Management Discrimination among Analysts during Earnings Conference Calls [J]. Journal of Accounting Research，2008，46 (3)：627 - 659.

⑫ Yu, M. Analyst Forecast Properties, Analyst Following and Governance Disclosure：A Global Perspective [J]. Journal of International Accounting, Auditing and Taxation，2010，19：1 - 15.

⑬ 蒋红芸，李岩琼，王雄元. 年报风险信息披露与分析师跟随 [J]. 财经论丛，2018 (12)：65 - 73.

越大（选择 10 – K 文件大小替代传统的 Fog 指数作为可读性指标），提交之后的股票波动越大，未预期盈余越高，分析师分歧越大①。这说明投资者和分析师更愿意关注文件材料更少的公司，才会获得更多相关信息，预测也更加一致。除此之外，研究发现未来盈余的可预见性、会计准则等规则的影响、股票价格、会计师事务所规模以及其他一些因素也会显著影响分析师预测分歧度。

虽然可能会因为存在第三章已述的几种情况，导致关键审计事项准则的实施效果受限，但是关键审计事项准则的实施给资本市场提供有效增量信息的可能性会更大一些，且能够实现准则制定者最初的期望（财政部，2016），原因在于：首先，关键审计事项的披露有助于分析师基于自身有限的注意力来关注年报中重要的公司个性化信息，使其信息目标更加明确；其次，关键审计事项准则的规定直接把部分私有信息转变为公共信息，降低了分析师搜集和解读信息的成本，也增加了分析师的信息来源，说明关键审计事项段披露的内容包含有公司个性化信息；再次，另一个说明关键审计事项段披露的内容包含有公司个性化信息的理由是：公司相关事项如果由管理层披露，可能会被质疑，但由作为独立第三方的审计师来披露的话就会产生可信来源效应，为使用者所信任（王木之等，2019）；最后，关键审计事项的披露包含内容涉及公司年报中的重大特别风险、重大不确定性及重大交易或事项，且较为细化，这为分析师预测提供了比较丰富的素材。综上所述，关键审计事项准则实施降低了分析师的信息搜集成本，提高了被审计单位的信息质量和透明度，分析师的私有信息搜集渠道减少，使不同分析师之间掌握的信息内容和数量更加一致，客观上为降低他们之间的预测分歧度提供了信息基础，进而增进市场的信息效率和资本配置效率②。

基于以上分析，将本节研究的核心问题用以下三个假设的方式

---

① Loughran, T., McDonald, B. Measuring Readability in Financial Disclosures [J]. Journal of Finance, 2014, 69 (4): 1643 – 1671.

② 王木之，李丹. 新审计报告和股价同步性 [J]. 会计研究, 2019 (1): 86 – 92.

提出：

H5 - 1：限定其他条件，关键审计事项披露之后，分析师预测分歧度会显著降低。

H5 - 2：限定其他条件，披露的关键审计事项文本可读性与分析师预测分歧度显著负相关。

H5 - 3：限定其他条件，披露的关键审计事项类型会引起分析师预测分歧度发生显著变化。

第 二 节　研 究 设 计

一、样 本 来 源 及 选 择

本章选取 2015 ~ 2016 财年作为研究区间（注：对应的分析师跟踪数据均滞后一期），以全部 A 股上市公司作为初始研究样本，并按照以下原则对数据进行筛选和剔除：（1）由于同一分析师或团队在同一年度内对同一家上市公司发布了不止一份研究报告的，本章保留最后一份研究报告的数据（Clement and Tse，2005）；（2）剔除金融行业样本和 ST 类上市公司；（3）将率先试点执行关键审计事项准则的"A +H"股上市公司作为处理组，选择模型所有控制变量作为匹配变量，按照 1 : 5 的近邻匹配原则，从其他 A 股公司（暂未执行）中匹配对照组样本。剔除未成功匹配的样本后，最终得到处理组样本 101 个，对照组样本 199 个，共 300 个"公司—年度"样本。此外，样本倾向得分匹配效果较好，表现为处理组与控制组公司各控制变量的均值差异除个别显著外，其余均不显著[①]。

---

① Clement M，Tse S Y. Financial Analyst Characteristics and Herding Behavior in Forecasting [J]. The Journal of Finance，2005，60（1）：307 - 341.

对所有连续变量在 1% ~99% 分位上进行缩尾处理，消除异常值对回归结果的影响。本章相关财务数据来自国泰安（CSMAR）数据库，关键审计事项的数据是由笔者根据巨潮资讯网（上市公司年度财务报告）手工整理得到。相关数据处理和回归分析均在 Stata14.0 软件中完成。

二、变量定义

（一）被解释变量

参考孙刚（2014）的已有研究方法，本节研究的被解释变量为分析师预测分歧度（Dispersion），具体用某个公司的所有分析师最后一次盈余预测的标准差除以期初个股开盘价来衡量：

$$\text{Dispersion} = \text{SD}(\text{MEPS}_{it})/\text{OPS}_{it} \tag{5.1}$$

其中，SD（MEPS_{it}）表示第 i 家公司第 t 年中所有分析师最后一次盈余预测的标准差；OPS_{it} 表示第 i 家公司第 t 年的开盘价。市场信息、行业信息和公司信息披露越充分、真实和相关，分析师对其解读越充分，预测分歧度（Dispersion）就越小，反过来说，就表示对同一家公司进行盈余预测的分析师群体越倾向于一致。

（二）解释变量

变量 POST 为年份虚拟变量，关键审计事项披露后（即 "A + H" 股公司于 2017 年 1 月 1 日起率先执行，对应 2016 年度审计报告）取 1，披露之前取 0；TREAT 为分组虚拟变量，处理组取 1，控制组取 0。POST × TREAT 为上述两个变量的交互项，相应的回归系数 δ_3 是关注的重点，它反映相比控制组公司，处理组公司在关键审计事项披露之后分析师预测准确性的变化。若准则实施之后，被解释变量显著提高，则预计 δ_3 显著为正；否则预计 δ_3 不显著。

（三）控制变量

根据已有研究（秦帅等，2018），本节控制了其他可能影响分析师预测分歧度的因素（X），包括公司规模（Size）、资产负债率（Lev）、账面市值比（BM）、分析师跟踪（Analyst）、资产收益率（Roa）、上市年数（Age）、会计师事务所规模（Big4）、公司信息透明度（Itang）、高管权力（CEO）和行业固定效应进行控制[①]。

三、模型构建

为检验本章假设，即验证关键审计事项披露对分析师预测分歧度的影响。依据以往相关研究（王木之等，2019），建立模型（5.2）与模型（5.3）[②]。

$$Dispersion = \delta_0 + \delta_1 POST + \delta X + \sum IND + \varepsilon \qquad (5.2)$$

$$Dispersion = \delta_0 + \delta_1 POST + \delta_2 TREAT + \delta_3 POST$$
$$\times TREAT + \delta X + \sum IND + \varepsilon \qquad (5.3)$$

其中，Dispersion 代表分析师预测分歧度，用某个公司的所有分析师最后一次盈余预测的标准差除以期初个股开盘价来衡量，具体计算方法见模型（5.1）。其余变量见表 5 - 1 变量含义描述。

表 5 - 1　　　　　　　　　　　变量定义与说明

变量符号	定义与说明
Dispersion	分析师预测分歧度，用某个公司的所有分析师最后一次盈余预测的标准差除以期初个股开盘价来衡量
POST	关键审计事项披露之后取 1，披露之前取 0

---

① 秦帅，吴锡皓. D&O 保险与分析师盈余预测质量 [J]. 当代财经，2018（4）：111 - 122.

② 王木之，李丹. 新审计报告和股价同步性 [J]. 会计研究，2019（1）：86 - 92.

续表

变量符号	定义与说明
TREAT	分组虚拟变量，若是处理组取 1，控制组取 0
Size	公司规模，用资产总额的自然对数表示
Lev	资产负债率，等于负债总额除以总资产总额
BM	账面市值比，等于资产账面价值与市值之比
Analyst	分析师跟踪，用对上市公司发布预测报告的分析师人数加 1 后再取自然对数表示
Roa	资产收益率，等于净利润与总资产之比
Age	上市年数，用上市年数加 1 后再取自然对数计算表示
Big4	会计师事务所规模，若公司年报审计单位为国际四大则赋值为 1，否则为 0
Itang	无形资产占比，用无形资产占总资产的比重表示
CEO	高管权力，若公司董事长兼任总经理则赋值为 1，否则为 0

第三节　实证分析与结果描述

一、多元线性回归结果与分析

为检验关键审计事项披露对分析师预测准确性的影响，将相关变量代入模型（5.2）和模型（5.3）中，多元回归结果如表 5 – 2 所示。

表 5 – 2　关键审计事项披露对分析师预测分歧度影响的相关检验

变量	（1）期前期后检验	（2）双重差分检验	（3）PSM – DID
POST	- 0. 006 * （- 1. 88）	0. 001 （1. 41）	0. 004 （1. 00）
TREAT		0. 008 *** （4. 29）	0. 011 ** （2. 23）

续表

变量	（1）	（2）	（3）
	期前期后检验	双重差分检验	PSM – DID
POST × TREAT		− 0. 008 *** （ − 3. 11）	− 0. 014 ** （ − 2. 23）
Size	− 0. 004 （ − 1. 41）	− 0. 001 * （ − 1. 82）	− 0. 003 （ − 1. 17）
Lev	− 0. 004 （ − 0. 20）	0. 003 （1. 53）	0. 013 （0. 95）
Roa	0. 125 ** （2. 45）	0. 003 （1. 53）	0. 012 （0. 26）
BM	0. 004 （1. 63）	0. 004 *** （7. 96）	0. 018 （1. 47）
Analyst	0. 005 （1. 64）	0. 000 （0. 97）	0. 004 （1. 29）
Age	− 0. 001 （ − 0. 36）	0. 000 （1. 09）	− 0. 004 （ − 1. 18）
CEO	0. 000 （0. 05）	− 0. 001 （ − 1. 20）	− 0. 003 （ − 0. 65）
Itang	− 0. 015 （ − 0. 34）	− 0. 005 （ − 0. 88）	− 0. 008 （ − 0. 27）
Big4	− 0. 004 （ − 0. 92）	0. 000 （0. 43）	− 0. 001 （ − 0. 36）
Constant	0. 096 （1. 34）	0. 014 * （1. 75）	0. 062 （1. 07）
Industry	YES	YES	YES
Observations	116	3251	300
Adjusted R^2	0. 2127	0. 1163	0. 1639

注：括号中的数字为 T 值。 *** 、 ** 、 * 分别表示在 1% 、5% 和 10% 水平上显著。

表 5 - 2 第（1）列报告了关键审计事项披露对分析师预测分歧度的期前期后检验结果，结果显示 POST 的回归系数在 10% 水平上显著为负，说明关键审计事项披露使得分析师预测分歧度显著降低了；表 5 - 2 第（2）列报告了全样本双重差分检验模型的回归结果，结果显示交互项 POST × TREAT 的回归系数亦在 1% 水平上显著为负，说明关键审计事项披露前后，处理组公司的分析师预测分歧度确实显著降低了，为了消除样本自选择问题，我们对全样本实施 PSM；在表 5 - 2 第（3）列报告了关键审计事项披露对分析师预测分歧度影响的 PSM - DID 检验模型的回归结果。交互项 POST × TREAT 的回归系数均在 5% 水平上显著为负，表明处理组公司在关键审计事项披露后，其分析师预测分歧度显著降低了。以上结果都表明与 2015 年相比，处理组公司 2016 年在关键审计事项披露后分析师预测分歧度显著降低，说明分析师预测分歧度的降低确系关键审计事项披露导致的。

二、稳健性检验

为了保证本章研究结论的稳健性，在模型建立阶段对模型中变量的共线性问题进行了测试，在模型建立阶段考察了模型中变量的共线性问题。在多元回归阶段，检测了变量的方差膨胀因子。模型中的变量不存在严重的共线性问题，且平均方差膨胀因子在 2 左右。除了进行上述的检验和处理外，还进行了以下的稳健性检验。

（一）安慰剂检验

这个检验的原理是观察双重差分模型的回归结果在政策实施时点被人为地提前或者推后是否依然成立。如果不再成立，表示确系政策实施导致了处理组和控制组样本之间的差异；反之，则表示是其他原因导致了上述差异。按照这一研究思路，本节将"A + H"股公司率先实施关键审计事项准则的时间人为提前两年，使得所有研究样本落入 2013 ~ 2014 年，即落入政策实施前的两个年度，随后按照 2015 ~

2016 年研究期间同样比例（按照 1∶5 的近邻匹配原则）进行 PSM，从其他 A 股公司中匹配对照组样本。剔除未成功匹配的样本后，最终得到处理组样本 109 个，对照组样本 185 个，共 294 个"公司—年度"样本，随后再执行双重差分检验（DID）。表 5 - 3 第（1）列报告了安慰剂检验的回归结果，交互项 POST × TREAT 的回归系数为负，但在统计上不显著。说明政策实施时点被人为提前两年之后，原有结论不再成立，意味着引起处理组和控制组样本分析师预测分歧度发生变化确系关键审计事项披露引起的。已有研究结论依然成立。

表 5 - 3　　关键审计事项披露对分析师预测分歧度影响的稳健性检验 1

变量	（1）	（2）	（3）
	安慰剂检验	更换被解释变量	更换控制变量
POST	0.006 *** （3.17）	0.576 （0.19）	0.006 （1.52）
TREAT	0.005 ** （2.10）	5.388 （1.42）	0.011 ** （2.25）
POST × TREAT	- 0.002 （- 0.86）	- 9.152 * （- 1.90）	- 0.015 ** （- 2.30）
Size	- 0.002 ** （- 2.01）	- 0.499 （- 0.24）	
Lev	0.016 ** （2.57）	1.118 （0.11）	0.013 （1.02）
Roa	0.020 （0.92）	- 9.980 （- 0.30）	- 0.002 （- 0.05）
BM	0.020 *** （3.55）	8.764 （0.94）	
Analyst	0.002 （1.51）	2.137 （0.91）	0.003 （1.03）
Age	- 0.001 （- 0.69）	- 0.659 （- 0.27）	- 0.003 （- 0.92）

变量	(1)	(2)	(3)
	安慰剂检验	更换被解释变量	更换控制变量
CEO	0.001 (0.55)	-0.977 (-0.25)	-0.004 (-0.72)
Itang	0.006 (0.34)	3.568 (0.16)	-0.013 (-0.44)
Big4	-0.002 (-0.88)	1.070 (0.38)	-0.001 (-0.25)
Income			0.000 (-0.28)
Growth			-0.002 (-0.47)
Constant	0.034 (1.30)	4.498 (0.10)	0.009 (0.23)
Industry	YES	YES	YES
Observations	294	300	300
Adjusted R^2	0.1185	0.1773	0.1568

注: 括号中的数字为 T 值。 *** 、 ** 、 * 分别表示在 1% 、 5% 和 10% 水平上显著。

(二) 更换分析师预测分歧度的计算方法

借鉴已有研究成果, 把被解释变量分析师预测分歧度 (Dispersion) 计算过程中的原分母 (期初个股开盘价) 更换为期末个股实际每股收益的绝对值 (史永等, 2014)[①]。表 5 - 3 第 (2) 列报告了关键审计事项披露对分析师预测准确性的影响, 交互项 POST × TREAT 的回归系数在 10% 水平上显著为负, 说明相比较控制组公司, 处理组公司在关键审计事项披露之后, 分析师预测分歧度显著降低。已有研究结论依然

[①] 史永, 张龙平. XBRL 财务报告对分析师预测的影响研究 [J]. 宏观经济研究, 2014 (8): 121 - 132.

成立。

（三）更换控制变量

把公司规模（Size）更换为营业收入（Income），并采用同样的方法对数据进行处理；把账面市值比（BM）更换为营业收入增长率（Growth）。表 5 - 3 第（3）列报告了更换控制变量后的双重差分检验结果，交互项 POST × TREAT 的回归系数在 5% 水平上显著为负，意味着关键审计事项披露之后，处理组公司的分析师预测分歧度显著降低。已有研究结论依然成立。

第四节　进一步研究

一、关键审计事项披露对分析师预测分歧度影响的治理机制研究

（一）基于盈余透明度的调节作用

关键审计事项披露了更多公司和审计师的私有信息，使得公司盈余信息和审计过程信息更加透明（PCAOB，2017），进而降低投资者和分析师搜集私有信息的成本（Gul et al.，2010；Su et al.，2015），在这种情况下，对于盈余透明度高的公司，分析师的预测分歧度可能本身就不高[①]。而对于盈余透明度不高的公司，因为这类公司在"低起点，高要求"的自身信息环境和关键审计事项披露环境的双重作用下，分析师的预测分歧度下降空间更大。故分析师对盈余透明度低的公司

---

① Gu Z，Li Z，Yang Y G. Monitors or Predators：The Influence of Institutional Investors on Sell – Side Analysts [J]. The Accounting Review，2013，88（1）：137 – 169.

进行盈余预测的分歧度可能大幅下降，我们检验了盈余透明度是否会调节关键审计事项披露对分析师预测分歧度的影响。

表5-4分组检验了公司盈余透明度对关键审计事项披露与分析师预测分歧度关系的调节作用，利用双重差分模型进行回归，第（1）列结果显示交互项POST×TREAT的回归系数在5%水平上显著为负，表明公司盈余透明度越低，关键审计事项披露对分析师预测分歧度的降低作用越明显；第（2）列结果显示交互项POST×TREAT的回归系数为负，但在统计上不显著。这表明在一定程度上，公司盈余透明度的高低可部分解释关键审计事项披露为什么会带来的分析师预测分歧度的降低。

表5-4　关键审计事项披露对分析师预测分歧度影响的治理机制检验1

变量	(1) 盈余透明度低	(2) 盈余透明度高
POST	0.006 (0.89)	0.003 (0.98)
TREAT	0.015* (1.84)	0.008** (2.12)
POST × TREAT	-0.022** (-2.07)	-0.008 (-1.59)
Size	-0.006 (-1.27)	0.000 (0.15)
Lev	0.022 (0.91)	-0.006 (-0.58)
Roa	0.052 (0.70)	-0.041 (-1.10)
BM	0.037* (1.70)	0.003 (0.34)

续表

变量	(1)	(2)
	盈余透明度低	盈余透明度高
Analyst	0.005 (0.85)	0.000 (-0.07)
Age	-0.005 (-0.90)	0.003 (0.88)
CEO	-0.002 (-0.24)	0.000 (0.10)
Itang	-0.016 (-0.31)	0.000 (0.00)
Big4	0.000 (-0.07)	0.001 (0.42)
Constant	0.112 (1.15)	-0.001 (-0.03)
Industry	YES	YES
Observations	203	97
Adjusted R^2	0.1306	0.1093

注：括号中的数字为 T 值。***、**、* 分别表示在 1%、5% 和 10% 水平上显著。

（二）基于企业性质的调节作用

目前学术界有关所有权性质与企业信息质量关系的研究结论并不一致，有些学者认为相较于非国有企业，国有企业因为承担着更大的社会成本与政治成本，且较容易获得盈利项目，其盈余管理动机相对较弱；但也有些学者持相反的观点，认为国企管理者出于自身政治利益和经济利益的考虑，会使国有企业的盈余管理动机更为强烈。

表 5 - 5 分组检验了不同企业性质对关键审计事项披露与分析师预测分歧度关系的调节作用，利用双重差分模型进行回归，其中第（1）列结果显示交互项 POST × TREAT 的回归系数在 10% 水平上显著为负，

意味着跟踪国有企业的分析师预测分歧度显著降低了；第（2）列结果显示交互项 POST × TREAT 的回归系数在 5% 水平上显著为正，意味着跟踪非国有企业的分析师预测分歧度会显著提高了，这表明分析师跟踪不同性质的企业，其预测的分歧度存在显著差异。

表 5 −5　　关键审计事项披露对分析师预测分歧度影响的治理机制检验 2

变量	(1)	(2)
	国企	非国企
POST	0.003 * (1.69)	− 0.003 (− 0.95)
TREAT	0.006 *** (3.00)	− 0.001 (− 0.24)
POST × TREAT	− 0.005 * (− 1.94)	0.015 ** (2.63)
Size	− 0.002 (− 1.56)	− 0.001 (− 0.39)
Lev	0.011 ** (2.00)	0.002 (0.17)
Roa	0.042 ** (2.20)	− 0.046 (− 1.39)
BM	0.008 (1.59)	0.008 (0.79)
Analyst	0.000 (0.03)	0.003 (1.56)
Age	− 0.002 (− 1.06)	− 0.004 (− 1.60)
CEO	− 0.001 (− 0.44)	− 0.002 (− 0.64)
Itang	− 0.004 (− 0.30)	− 0.018 (− 0.76)

变量	(1)	(2)
	国企	非国企
Big4	−0.001 (−0.83)	−0.005 (−1.65)
Constant	0.039 (1.40)	0.026 (0.51)
Industry	YES	YES
Observations	195	105
Adjusted R²	0.3584	0.0374

注：括号中的数字为 T 值。***、**、* 分别表示在 1%、5% 和 10% 水平上显著。

（三）基于盈余管理的调节作用

关键审计事项准则实施很有可能对审计师行为产生积极影响，促使审计师提高其审计质量，进而抑制公司的盈余管理行为。作为关键审计事项准则实施的重点，披露关键审计事项提供了审计师更多有关审计过程、审计师职业判断等私有信息，能够解决改革前的审计报告存在的诸多问题，使这些私有信息转变为公共信息，从而降低信息差距，提高资本市场信息效率。而且对审计师而言，原本只会呈现在审计工作底稿里的内容，被纳入审计报告公开披露并接受市场检验，导致其法律责任增加，那么审计师的执业过程可能会更加谨慎（Gimbar，2016）。因此当产生针对财务问题产生意见分歧时，审计师会保持较高的独立性，保证审计质量不受损害①。在这种情况下，对于盈余管理水平低的公司，分析师的预测分歧度可能本身就不高。而对于盈余管理水平高的公司，因为这类公司在"低起点，高要求"的自身信息环境

① Gimbar C，Hansen B，Ozlanski M. The Effects of Critical Audit Matter Paragraphs and Accounting Standard Precision on Auditor Liability ［J］. The Accounting Review，2016，91（6）：1629–1646.

和关键审计事项披露环境的双重作用下，分析师的预测分歧度下降空间更大。故分析师对盈余管理水平高的公司进行盈余预测的分歧度可能大幅下降，我们检验了盈余管理是否会调节关键审计事项披露对分析师预测分歧度的影响。

本节借鉴计算应计利润的模型来计算 DA，盈余管理水平用 DA 绝对值（ABSDA）来衡量，其数值越大，表示盈余管理水平越高（Ball and Shivakumar，2006）。表 5 – 6 分组检验了盈余管理水平对关键审计事项披露与分析师预测分歧度的调节作用。第（1）列回归结果显示交互项 POST × TREAT 的回归系数为负，但在统计上不显著；第（2）列回归结果显示交互项 POST × TREAT 的回归系数显著为负。上述回归结果意味着相比于盈余管理水平低的公司，关键审计事项披露对分析师预测准确性的提升作用在盈余管理水平高的公司更为明显，这表明在一定程度上，公司不同的盈余管理水平亦可部分解释关键审计事项披露为什么会带来分析师预测准确性的提升。

表 5 – 6　　关键审计事项披露对分析师预测分歧度影响的治理机制检验 3

变量	(1) DA 低	(2) DA 高
POST	0. 005 * (1. 77)	0. 002 (0. 19)
TREAT	0. 006 * (1. 85)	0. 014 (1. 13)
POST × TREAT	− 0. 003 (− 0. 63)	− 0. 026 * (− 1. 81)
Size	− 0. 004 ** (− 2. 02)	− 0. 001 (− 0. 20)
Lev	0. 031 *** (2. 98)	0. 006 (0. 19)

续表

变量	（1）	（2）
	DA 低	DA 高
Roa	0. 082 ** （2. 00）	0. 019 （0. 21）
BM	0. 019 * （1. 93）	0. 012 （0. 42）
Analyst	− 0. 003 （− 1. 23）	0. 002 （0. 22）
Age	− 0. 005 ** （− 2. 49）	− 0. 002 （− 0. 26）
CEO	− 0. 002 （− 0. 53）	− 0. 002 （− 0. 14）
Itang	− 0. 054 *** （− 2. 78）	0. 004 （0. 06）
Big4	− 0. 001 （− 0. 48）	− 0. 001 （− 0. 12）
Constant	0. 095 ** （2. 36）	0. 049 （0. 37）
Industry	YES	YES
Observations	148	152
Adjusted R^2	0. 4154	0. 2268

注：括号中的数字为 T 值。***、**、*分别表示在 1%、5% 和 10% 水平上显著。

（四）基于企业注册地市场化程度的调节作用

一个国家或地区法律环境越差，审计师被起诉的风险就越低，且被惩罚力度也越小，因为法律环境差意味着执法力度越小，维权意识越弱，反之亦然，也就是说，审计师的诉讼风险与法律环境密切相关

（陈小林等，2007）①。随着关键审计事项的披露，审计师的法律责任增加，那么审计师的执业过程可能会更加谨慎（Gimbar，2016），其独立性和客观公正的态度也会提高，财务信息质量进而得到提高。原因在于原本呈现在审计工作底稿里的内容，被纳入审计报告公开披露并接受市场检验②。在这种情况下，市场化程度的高低能够代表着公司信息透明度的高低，对于信息透明度高的公司，分析师的预测分歧度可能本身就不高。而对于信息透明度不高的公司，因为这类公司在"低起点，高要求"的自身信息环境和关键审计事项披露环境的双重作用下，分析师的预测分歧度下降空间更大。故分析师对注册地市场化程度低的公司进行盈余预测的分歧度可能会大幅下降，我们检验了企业注册地市场化程度是否会调节关键审计事项披露对分析师预测分歧度的影响。

表 5 – 7 分组检验了公司注册地的市场化程度对关键审计事项披露与分析师预测分歧度关系的调节作用，市场化程度（Market）采用市场化总指数评分来表示，市场化总指数评分越高代表市场化程度越高。该指标来自王小鲁和樊纲等的计算结果，它由 18 个基础指数构成，其中包含法律制度环境③。第（1）列回归结果显示交互项 POST × TREAT 的回归系数为负，但在统计上不显著；第（2）列结果显示交互项 POST × TREAT 的回归系数在 10% 水平上显著为负，表明公司注册地市场化程度越低，关键审计事项披露对分析师预测分歧度的降低作用越明显。这表明在一定程度上，公司注册地不同的市场化程度可部分解释关键审计事项披露为什么会带来的分析师预测分歧度的降低。

---

① 陈小林，潘克勤. 法律环境、政治关系与审计定价——来自中国证券市场的经验证据 [J]. 财贸经济，2007（13）：90 – 95.

② Gimbar C，Hansen B，Ozlanski M. The Effects of Critical Audit Matter Paragraphs and Accounting Standard Precision on Auditor Liability [J]. The Accounting Review，2016，91（6）：1629 – 1646.

③ 王小鲁，樊纲，余静文，等. 中国分省份市场化指数报告（2016）[M]. 北京：社会科学文献出版社，2017.

表5-7　关键审计事项披露对分析师预测分歧度影响的治理机制检验4

变量	(1) 市场化程度高	(2) 市场化程度低
POST	0.007 (1.57)	0.006 * (1.87)
TREAT	0.004 (0.65)	0.002 (0.55)
POST × TREAT	-0.004 (-0.56)	-0.009 * (-1.94)
Size	-0.000 (-0.14)	-0.002 (-0.74)
Lev	0.015 (1.08)	-0.003 (-0.22)
Roa	0.017 (0.39)	-0.002 (-0.04)
BM	-0.028 * (-1.81)	-0.012 (-1.34)
Analyst	-0.004 (-1.05)	0.003 (1.22)
Age	-0.004 (-1.14)	-0.003 (-1.07)
CEO	0.004 (0.61)	-0.001 (-0.28)
Itang	-0.121 *** (-2.85)	0.000 ** (2.00)
Big4	0.003 (0.76)	-0.000 (-0.11)
Constant	0.065 (1.00)	0.038 (0.84)

续表

变量	(1)	(2)
	市场化程度高	市场化程度低
Industry	YES	YES
Observations	136	164
Adjusted R^2	0.2140	0.1168

注：括号中的数字为 T 值。*** 、** 、* 分别表示在 1%、5% 和 10% 的水平显著。

二、关键审计事项文本特征、事项类型与分析师预测分歧度的回归结果

（一）关键审计事项文本特征及事项类型与分析师预测分歧度的回归结果 1

接下来我们探讨关键审计事项文本特征、关键审计事项类型等问题的探讨是利用 2016 年年报披露关键审计事项的样本公司（处理组）数据，检验关键审计事项文本特征、关键审计事项类型对分析师预测分歧度的影响。

1. 关键审计事项文本特征与分析师预测分歧度的回归结果 1

本节参考已有研究成果，定义变量关键审计事项的数目（KAM）为每年每个上市公司审计报告中披露的关键审计事项个数；定义关键审计事项平均文本篇幅（WORDS）为每年每个上市公司审计报告中披露的所有关键审计事项的汉字数除以事项数目；定义文本可读性的其中一个指标为文本的迷雾指数（Fog Index）[1]。定义常用字字数（Com-Word）表示关键审计事项段描述的汉字和词语中，《现代汉语语料库字频表》所包含的字数，衡量文本的可理解性；定义常用词词数（Com-

---

[1] 王艳艳，许锐，王成龙，等. 关键审计事项段能够提高审计报告的沟通价值吗？[J]. 会计研究，2018（6）：86 - 93.

Voc）表示关键审计事项段描述的词语中，《现代汉语语料库词频表》所包含的词数，衡量文本的可理解性；定义句均字数（PC_ChiWord）与句均词数（PC_Voc）分别为关键审计事项段的汉字数和词语数除以句尾标点符号的总和，均用来衡量文本复杂性（Loughran and McDonald，2014；陈霄，2018）[1][2]。而文本可理解性和复杂性是作为文本可读性的另外一个表现形式，亦即文本复杂性越低或文本可理解性越高，其可读性越高。

表5-8报告了处理组关键审计事项文本特征对分析师预测分歧度的影响。第（1）列检验了关键审计事项的数目（KAM）对分析师预测分歧度的影响，其回归系数在5%水平上显著为负；第（2）列检验了关键审计事项平均文本篇幅（WORDS）对分析师预测分歧度的影响，其回归系数在10%水平上显著为负；第（3）列检验了迷雾指数（Fog）对分析师预测分歧度的影响，其回归系数在10%水平上显著为正；第（4）列检验了常用字字数（ComWord）对分析师预测分歧度的影响，其回归系数在5%水平上显著为负；第（5）列检验了常用词词数（ComVoc）对分析师预测分歧度的影响，其回归系数在10%水平上显著为负；第（6）列检验了句均字数（PC_ChiWord）对分析师预测分歧度的影响，其回归系数在10%水平上显著为正；第（7）列检验了句均词数（PC_Voc）对分析师预测分歧度的影响，其回归系数在10%水平上显著为正。

综上所述，这些结果意味着披露关键审计事项越多、篇幅越长及关键审计事项文本可读性越强的公司，其分析师预测分歧度越低。原因可能在于：一方面，公司披露更多且篇幅更长的关键审计事项，能够给分析师提供额外的信息；另一方面，披露的关键审计事项复杂性越低且可理解性更高，那么分析师的阅读和理解的时间可以缩短，对

---

① 陈霄，叶德珠，邓洁. 借款描述的可读性能够提高网络借款成功率吗［J］. 中国工业经济，2018（3）：174-192.

② Loughran，T.，McDonald，B. Measuring Readability in Financial Disclosures［J］. Journal of Finance，2014，69（4）：1643-1671.

信息的理解和吸收就更为充分，进而影响其预测分歧度，使不同分析师预测更加一致。

表 5 – 8　　关键审计事项文本特征与分析师预测分歧度的回归结果

变量	(1) 事项数目	(2) 平均篇幅	(3) 文本 可读性	(4) 常用字 字数	(5) 常用词 词数	(6) 句均字数	(7) 句均词数
POST	0.009 * (1.92)	0.048 * (1.88)	– 0.007 (– 1.54)	0.051 ** (2.01)	0.042 * (1.91)	– 0.016 * (– 1.69)	– 0.013 * (– 1.75)
KAM	– 0.004 ** (– 2.45)						
WORDS		– 0.007 * (– 1.91)					
Fog			0.000 * (1.75)				
ComWord				– 0.007 ** (– 2.04)			
ComVoc					– 0.007 * (– 1.95)		
PC_Chiword						0.006 * (1.71)	
PC_voc							0.007 * (1.81)
Size	– 0.001 (– 0.32)	– 0.001 (– 0.29)	– 0.001 (– 0.51)	– 0.001 (– 0.26)	– 0.001 (– 0.30)	– 0.001 (– 0.47)	– 0.001 (– 0.44)
Lev	0.031 * (1.88)	0.033 * (1.93)	0.032 * (1.88)	0.033 * (1.97)	0.033 * (1.94)	0.031 * (1.83)	0.031 * (1.85)
Roa	0.103 ** (2.46)	0.110 ** (2.58)	0.112 ** (2.63)	0.110 ** (2.60)	0.113 ** (2.66)	0.107 ** (2.50)	0.106 ** (2.47)

续表

变量	（1） 事项数目	（2） 平均篇幅	（3） 文本可读性	（4） 常用字字数	（5） 常用词词数	（6） 句均字数	（7） 句均词数
BM	0.009 （0.88）	0.009 （0.84）	0.010 （0.91）	0.009 （0.81）	0.009 （0.83）	0.011 （0.96）	0.010 （0.92）
Analyst	0.002 （0.80）	0.002 （0.64）	0.002 （0.70）	0.002 （0.66）	0.002 （0.61）	0.003 （0.81）	0.003 （0.84）
Age	−0.003 （−0.78）	−0.002 （−0.66）	−0.003 （−0.77）	−0.003 （−0.71）	−0.003 （−0.71）	−0.003 （−0.73）	−0.003 （−0.70）
CEO	−0.001 （−0.12）	−0.002 （−0.32）	−0.001 （−0.16）	−0.002 （−0.31）	−0.002 （−0.29）	−0.001 （−0.16）	0.001 （0.16）
Itang	0.014 （0.38）	0.005 （0.13）	0.011 （0.30）	0.005 （0.12）	0.005 （0.13）	0.010 （0.26）	0.011 （0.28）
Big4	−0.006* （−1.79）	−0.006* （−1.76）	−0.006 （−1.60）	−0.006* （−1.81）	−0.006* （−1.79）	−0.006* （−1.72）	−0.006* （−1.71）
Constant	0.016 （0.25）	0.014 （0.22）	0.028 （0.45）	0.013 （0.20）	0.015 （0.24）	0.025 （0.39）	0.023 （0.35）
Industry	YES	YES	YES	YES	YES	YES	YES
Observations	101	101	101	101	101	101	101
Adjusted R^2	0.3521	0.3282	0.3221	0.3335	0.3297	0.3205	0.3241

注：括号中的数字为 T 值。 *** 、 ** 、 * 分别表示在 1% 、5% 和 10% 水平上显著。

2. 关键审计事项类型与分析师预测分歧度的回归结果 1

根据对关键审计事项披露现状的手工整理统计结果显示，自 2016 年关键审计事项准则实施试点到 2017 年全面实施，我国上市公司共披露关键审计事项 7426 项。其中，资产减值事项披露频率最高，占比达到 46.18% ；收入确认事项占比次之（32.02%）；股权投资事项、合并报表事项和公允价值计量事项紧随其后，占比分别是 4.73% 、1.51% 和 1.17% ，因此选择这五个事项进行分析。变量定义方面，变量 Rev 表示收入减值事项是否被审计师确定为关键审计事项，如果是则取 1 ，否则取 0 ；变量 Asdep 表示资产减值事项是否被审计师确定为关键审计事项，如果是则取 1，否则取 0；变量 Eqin 表示股权投资减值事项是否被审计师确定为关键审计事项，如果是则取 1，否则取 0；变量 Fv 表示公允价值减值事项是否被审计师确定为关键审计事项，如果是则取 1，否则取 0；变量 Confi 表示合并报表事项是否被审计师确定为关键审计事项，如果是则取 1，否则取 0。

表 5 - 9 报告了处理组关键审计事项类型对分析师预测分歧度的影响。第（1）列、第（3）列和第（5）列检验了收入确认事项（REV）、股权投资事项（EQIN）与合并报表事项（CONFI）对分析师预测分歧度的影响，上述三个事项的回归系数均为负，但在统计上均不显著；第（2）列检验了资产减值事项（ASDEP）对分析师预测分歧度的影响，其回归系数在 5% 水平上显著为负；第（4）列检验了公允价值计量事项（FV）对分析师预测分歧度的影响，其回归系数为正，但在统计上不显著；第（6）列同时检验了上述事项对分析师预测分歧度的共同影响，资产减值事项（ASDEP）的回归系数在 10% 水平上显著为负，除公允价值计量事项（FV）之外的其余事项的回归系数为负，但在统计上均不显著。说明审计师把收入确认事项和资产减值事项确定为本期审计中最重要的事项，能显著降低分析师预测的分歧度；可能的原因在于，资产减值事项（ASDEP）涉及利润项目，并且金额较大，公司可能存在为实现特定业绩目标而调节利润、粉饰报表等舞弊行为，且其确认、计量和报告过程较为复杂，审计师重点关注这些高风险领域，有助于识别和评估这些领域的重大错报风险，并实施有效的应对措施，提高审计质量和盈余质量，为分析师提供质量更高、更一致的盈余信息，进而降低其预测分歧度。

表 5 - 9   关键审计事项类型与分析师预测分歧度的回归结果 1

变量	(1)	(2)	(3)	(4)	(5)	(6)
	收入确认	资产减值	股权投资	公允价值	合并报表	事项类型
POST	0.000 (−0.04)	0.009 * (1.68)	0.000 (0.07)	−0.001 (−0.36)	0.000 (−0.18)	0.009 (1.66)

续表

变量	（1）收入确认	（2）资产减值	（3）股权投资	（4）公允价值	（5）合并报表	（6）事项类型
REV	-0.001 （-0.39）					-0.002 （-0.50）
ASDEP		-0.010 ** （-2.08）				-0.011 * （-1.99）
EQIN			-0.007 （-0.95）			-0.004 （-0.61）
FV				0.011 （0.82）		0.012 （0.84）
CONFI					-0.007 （-0.57）	-0.004 （-0.30）
Size	-0.001 （-0.51）	-0.001 （-0.35）	-0.002 （-0.60）	-0.002 （-0.54）	-0.002 （-0.61）	-0.002 （-0.54）
Lev	0.025 （1.47）	0.024 （1.49）	0.024 （1.42）	0.026 （1.54）	0.026 （1.55）	0.025 （1.46）
Roa	0.118 *** （2.70）	0.118 ** （2.44）	0.125 *** （2.83）	0.116 ** （2.67）	0.120 *** （2.74）	0.111 ** （2.48）
BM	0.011 （0.97）	0.013 （1.15）	0.012 （1.10）	0.012 （1.03）	0.011 （0.95）	0.014 （1.22）
Analyst	0.002 （0.53）	0.001 （0.32）	0.001 （0.34）	0.002 （0.58）	0.002 （0.59）	0.002 （0.48）
Age	-0.002 （-0.59）	-0.004 （-1.10）	-0.002 （-0.65）	-0.003 （-0.70）	-0.003 （-0.80）	-0.004 （-0.95）
CEO	-0.001 （-0.17）	-0.001 （-0.16）	-0.001 （-0.17）	-0.002 （-0.31）	-0.001 （-0.20）	0.000 （0.00）
Itang	0.009 （0.23）	0.016 （0.41）	0.007 （0.17）	0.008 （0.19）	0.008 （0.21）	0.017 （0.44）

变量	（1）收入确认	（2）资产减值	（3）股权投资	（4）公允价值	（5）合并报表	（6）事项类型
Big4	−0.006（−1.53）	−0.005（−1.45）	−0.005（−1.49）	−0.006（−1.52）	−0.005（−1.40）	−0.005（−1.40）
Constant	0.033（0.50）	0.026（0.41）	0.040（0.61）	0.035（0.53）	0.042（0.62）	0.037（0.55）
Industry	YES	YES	YES	YES	YES	YES
Observations	101	101	101	101	101	101
Adjusted R^2	0.2892	0.3352	0.2980	0.2954	0.2912	0.3088

注：括号中的数字为 T 值。***、**、* 分别表示在 1%、5% 和 10% 水平上显著。

3. 资产减值事项具体类型与分析师预测分歧度的回归结果 1

进一步地，本节将资产减值事项的组成部分按照披露频率较高的原则进行细分，取前五个，它们分别是应收账款减值事项、存货减值事项、固定资产减值事项、无形资产减值事项和商誉减值事项，它们在关键审计事项总体中的占比分别是 17.51%、9.77%、1.79%、0.47% 和 11.03%，意欲探究审计师将不同类型的资产减值事项确定为关键审计事项时，对分析师跟踪的影响是否存在差异。其中，变量 Asdep_rec 表示应收账款减值事项是否被审计师确定为关键审计事项，如果是则取 1，否则取 0；变量 Asdep_inv 表示存货减值事项是否被审计师确定为关键审计事项，如果是则取 1，否则取 0；变量 Asdep_fa 表示固定资产减值事项是否被审计师确定为关键审计事项，如果是则取 1，否则取 0；变量 Asdep_int 表示无形资产减值事项是否被审计师确定为关键审计事项，如果是则取 1，否则取 0；变量 Asdep_gw 表示商誉减值事项是否被审计师确定为关键审计事项，如果是则取 1，否则取 0。

表 5-10 报告了 2016~2017 年资产减值事项具体类型对分析师预测分歧度的影响。第（1）列、第（2）列、第（3）列、第（4）列和第（5）列检验了应收账款减值事项、存货减值事项、固定资产减值事

项、无形资产减值事项及商誉减值事项对分析师预测分歧度的影响，回归系数有正有负，但在统计上均不显著；第（6）列同时检验了上述具体事项对分析师预测分歧度的共同影响，也在统计上均不显著。

表 5 – 10　　资产减值事项具体类型与分析师预测分歧度的回归结果 1

变量	（1）应收账款减值	（2）存货减值	（3）固定资产减值	（4）无形资产减值	（5）商誉减值	（6）资产减值
POST	0.000 (0.04)	−0.001 (−0.36)	0.001 (0.27)	−0.000 (−0.04)	−0.000 (−0.01)	0.003 (0.72)
Asdep_rec	−0.003 (−0.68)					−0.005 (−1.15)
Asdep_inv		0.003 (0.69)				0.003 (0.62)
Asdep_fa			−0.004 (−0.99)			−0.006 (−1.27)
Asdep_int				−0.005 (−0.93)		−0.006 (−1.08)
Asdep_gw					−0.002 (−0.40)	−0.001 (−0.11)
Size	−0.002 (−0.57)	−0.001 (−0.46)	−0.002 (−0.60)	−0.001 (−0.39)	−0.002 (−0.40)	−0.002 (−0.56)
Lev	0.024 (1.41)	0.025 (1.50)	0.027 (1.61)	0.026 (1.53)	0.026 (1.51)	0.027 (1.55)
Roa	0.113** (2.58)	0.116** (2.68)	0.117*** (2.70)	0.115** (2.65)	0.117*** (2.68)	0.107** (2.42)
BM	0.011 (0.99)	0.011 (0.98)	0.011 (1.00)	0.010 (0.89)	0.010 (0.88)	0.010 (0.87)
Analyst	0.002 (0.59)	0.001 (0.41)	0.002 (0.33)	0.002 (0.54)	0.001 (0.40)	0.002 (0.51)

续表

变量	(1) 应收账款减值	(2) 存货减值	(3) 固定资产减值	(4) 无形资产减值	(5) 商誉减值	(6) 资产减值
Age	- 0.003 (- 0.73)	- 0.003 (- 0.77)	- 0.003 (- 0.81)	- 0.003 (- 0.80)	- 0.003 (- 0.72)	- 0.004 (- 1.09)
CEO	- 0.000 (- 0.05)	- 0.002 (- 0.39)	- 0.001 (- 0.26)	- 0.002 (- 0.41)	- 0.001 (- 0.23)	- 0.001 (- 0.17)
Itang	0.009 (0.23)	0.009 (0.24)	0.005 (0.12)	0.015 (0.39)	0.009 (0.23)	0.018 (0.44)
Big4	- 0.005 (- 1.40)	- 0.006 (- 1.62)	- 0.005 (- 1.36)	- 0.006 (- 1.56)	- 0.005 (- 1.47)	- 0.005 (- 1.27)
Constant	0.037 (0.57)	0.031 (0.48)	0.041 (0.63)	0.026 (0.39)	0.026 (0.38)	0.040 (0.58)
Industry	YES	YES	YES	YES	YES	YES
Year	YES	YES	YES	YES	YES	YES
Observations	101	101	101	101	101	101
Adjusted R^2	0.2929	0.2930	0.2990	0.2975	0.2893	0.2836

注：括号中的数字为 T 值。 *** 、 ** 、 * 分别表示在 1%、5% 和 10% 水平上显著。

（二）关键审计事项类型及资产减值事项具体类型与分析师预测分歧度的回归结果 2

利用 2016～2017 年年报披露关键审计事项的样本公司数据（2017 年试点实施数据与 2018 年全面实施数据），构建模型（5.4）检验关键审计事项类型及资产减值事项具体类型对分析师预测分歧度的影响。再次检验假设 5－2 与假设 5－3。

$$Analyst = \pi_0 + \pi_1 X + Controls + \varepsilon \tag{5.4}$$

1. 关键审计事项类型与分析师预测分歧度的回归结果 2

表 5－11 报告了 2016～2017 年关键审计事项类型对分析师预测分

歧度的影响。第（1）列和第（5）列检验了收入确认事项（REV）与合并报表事项（CONFI）对分析师预测分歧度的影响，上述三个事项的回归系数均为负，但在统计上均不显著；第（2）列和第（3）列检验了资产减值事项（ASDEP）与股权投资事项（EQIN）对分析师预测分歧度的影响，回归系数分别在5%和10%水平上显著为负；第（4）列检验了公允价值计量事项（FV）对分析师预测分歧度的影响，其回归系数为正，但在统计上不显著；第（6）列同时检验了上述事项对分析师预测分歧度的共同影响，资产减值事项（ASDEP）与股权投资事项（EQIN）的回归系数分别在5%和10%水平上显著为负，其余在统计上均不显著。说明审计师把资产减值事项和股权投资事项确定为本期审计中最重要的事项，能显著降低分析师预测的分歧度；可能的原因在于，资产减值事项（ASDEP）涉及利润项目，并且金额较大，公司可能存在为实现特定业绩目标而调节利润、粉饰报表等舞弊行为，且其确认、计量和报告过程较为复杂，审计师重点关注这些高风险领域，有助于识别和评估这些领域的重大错报风险，并实施有效的应对措施，提高审计质量和盈余质量，为分析师提供质量更高、更一致的盈余信息，进而降低其预测分歧度。

表 5-11　关键审计事项类型与分析师预测分歧度的回归结果 2

变量	（1）收入确认	（2）资产减值	（3）股权投资	（4）公允价值	（5）合并报表	（6）事项类型
REV	0.000 （1.06）					0.000 （1.14）
ASDEP		−0.000 ** （−2.16）				−0.000 ** （−2.09）
EQIN			−0.002 * （−1.82）			−0.002 * （−1.87）
FV				−0.001 （−0.39）		−0.001 （−0.36）

续表

变量	(1) 收入确认	(2) 资产减值	(3) 股权投资	(4) 公允价值	(5) 合并报表	(6) 事项类型
CONFI					0.002 (1.16)	0.002 (1.16)
Size	−0.001 *** (−3.50)	−0.001 *** (−3.51)	−0.001 *** (−3.65)	−0.001 *** (−3.52)	−0.001 *** (−3.56)	−0.001 *** (−3.60)
Lev	0.004 *** (3.22)	0.004 *** (3.22)	0.004 *** (3.21)	0.004 *** (3.22)	0.004 *** (3.20)	0.004 *** (3.19)
Roa	0.009 * (1.83)	0.009 * (1.84)	0.009 * (1.79)	0.009 * (1.91)	0.009 * (1.89)	0.008 * (1.69)
BM	0.008 *** (5.45)	0.008 *** (5.45)	0.008 *** (5.44)	0.008 *** (5.45)	0.008 *** (5.46)	0.008 *** (5.48)
Analyst	0.001 *** (3.58)	0.001 *** (3.63)	0.001 *** (3.75)	0.001 *** (3.60)	0.001 *** (3.62)	0.001 *** (3.65)
Age	0.001 ** (2.02)	0.001 ** (1.96)	0.001 * (1.89)	0.001 ** (1.97)	0.001 ** (1.98)	0.001 ** (1.96)
CEO	−0.000 (−0.62)	−0.000 (−0.53)	−0.000 (−0.56)	−0.000 (−0.57)	−0.000 (−0.51)	−0.000 (−0.53)
Itang	−0.005 (−1.35)	−0.006 (−1.40)	−0.006 (−1.45)	−0.006 (−1.41)	−0.005 (−1.39)	−0.005 (−1.33)
Big4	−0.000 (−0.34)	−0.000 (−0.45)	−0.000 (−0.32)	−0.000 (−0.47)	−0.000 (−0.50)	−0.000 (−0.18)
Constant	0.023 *** (3.63)	0.024 *** (3.76)	0.024 *** (3.84)	0.023 *** (3.72)	0.024 *** (3.75)	0.023 *** (3.71)
Industry	YES	YES	YES	YES	YES	YES
Year	YES	YES	YES	YES	YES	YES
Observations	1409	1409	1409	1409	1409	1409
Adjusted R^2	0.1906	0.1902	0.1919	0.1900	0.1907	0.1914

注：括号中的数字为 T 值。***、**、*分别表示在 1%、5% 和 10% 水平上显著。

2. 资产减值事项具体类型与分析师预测分歧度的回归结果 2

表 5 – 12 报告了 2016～2017 年资产减值事项具体类型对分析师预测分歧度的影响。第（1）列检验了应收账款减值事项对分析师预测分歧度的影响，应收账款减值事项（Asdep_rec）的回归系数显著为正，但在统计上不显著；第（2）列和第（4）列分别检验了存货减值事项（Asdep_inv）和无形资产减值事项（Asdep_int）对分析师预测分歧度的影响，回归系数均为负，但在统计上均不显著；第（3）列分别检验了固定资产减值事项（Asdep_fa）对分析师预测分歧度的影响，回归系数在 10% 水平上显著为正；第（5）列分别检验了商誉减值事项（Asdep_gw）对分析师预测分歧度的影响，回归系数在 5% 水平上显著为负；第（6）列同时检验了上述具体事项对分析师预测分歧度的共同影响，商誉减值事项（Asdep_gw）的回归系数在 10% 水平上显著为负，说明审计师将商誉减值事项作为本期审计中重要的高风险领域进行关注，并确定为关键审计事项在某种程度上降低了预测分歧度。

表 5 – 12　　资产减值事项具体类型与分析师预测分歧度的回归结果 2

变量	(1) 应收账款减值	(2) 存货减值	(3) 固定资产减值	(4) 无形资产减值	(5) 商誉减值	(6) 资产减值
Asdep_rec	0.000 (0.42)					0.000 (0.23)
Asdep_inv		− 0.000 (− 0.61)				− 0.000 (− 0.80)
Asdep_fa			0.001* (1.94)			0.001 (1.64)
Asdep_int				− 0.001 (− 0.97)		− 0.001 (− 0.90)
Asdep_gw					− 0.001** (− 2.04)	− 0.001* (− 1.96)

续表

变量	（1）应收账款减值	（2）存货减值	（3）固定资产减值	（4）无形资产减值	（5）商誉减值	（6）资产减值
Size	−0.001 *** （−3.53）	−0.001 *** （−3.47）	−0.001 *** （−3.50）	−0.001 *** （−3.46）	−0.001 *** （−3.51）	−0.001 *** （−3.33）
Lev	0.004 *** （3.21）	0.004 *** （3.23）	0.004 *** （3.17）	0.004 *** （3.25）	0.004 *** （3.12）	0.004 *** （3.12）
Roa	0.009 * （1.90）	0.009 * （1.85）	0.009 * （1.92）	0.009 * （1.89）	0.009 * （1.77）	0.009 * （1.72）
BM	0.008 *** （5.42）	0.008 *** （5.38）	0.008 *** （5.32）	0.008 *** （5.38）	0.008 *** （5.47）	0.008 *** （5.23）
Analyst	0.001 *** （3.63）	0.001 *** （3.61）	0.001 *** （3.68）	0.001 *** （3.59）	0.001 *** （3.65）	0.001 *** （3.62）
Age	0.001 ** （1.97）	0.001 * （1.96）	0.001 * （1.88）	0.001 * （1.91）	0.001 ** （1.98）	0.001 * （1.85）
CEO	−0.000 （−0.57）	−0.000 （−0.53）	−0.000 （−0.52）	−0.000 （−0.58）	−0.000 （−0.44）	−0.000 （−0.36）
Itang	−0.006 （−1.41）	−0.006 （−1.46）	−0.005 （−1.35）	−0.005 （−1.18）	−0.005 （−1.29）	−0.004 （−1.06）
Big4	−0.000 （−0.47）	−0.000 （−0.47）	−0.001 （−0.78）	−0.000 （−0.43）	−0.000 （−0.46）	−0.000 （−0.68）
Constant	0.023 *** （3.74）	0.023 *** （3.72）	0.023 *** （3.63）	0.023 *** （3.69）	0.022 *** （3.72）	0.022 *** （3.53）
Industry	YES	YES	YES	YES	YES	YES
Year	YES	YES	YES	YES	YES	YES
Observations	1409	1409	1409	1409	1409	1409
Adjusted R^2	0.1900	0.1901	0.1922	0.1905	0.1924	0.1928

注：括号中的数字为 T 值。*** 、** 、* 分别表示在 1%、5% 和 10% 水平上显著。

第五节　本章小结

本章以上内容探究了关键审计事项披露和分析师预测分歧度的关系。利用关键审计事项准则错层实施的独特性，我们使用 PSM – DID 的方法对政策效果进行检验，发现关键审计事项披露使分析师预测分歧度显著降低，并且这种关系在盈余透明度低和盈余管理程度高的公司及国有企业中更加明显；另外还发现，披露关键审计事项数目越多，分析师的预测分歧度越低；关键审计事项平均文本篇幅越大，分析师的预测分歧度越低；关键审计事项文本可读性越高，分析师的预测分歧度越低；关键审计事项中披露资产减值事项越多，分析师的预测分歧度越低；具体地，资产减值事项中披露越多商誉减值事项的公司，分析师预测分歧度越低。

关键审计事项披露使得分析师预测准确性显著提高。总体研究结论揭示了：（1）公司年报（包含审计报告）作为资本市场的重要公开信息来源，对分析师来说，这使其搜集信息的成本下降、质量更高（公共信息获取成本等于或接近于 0），也是造成分析师预测分歧度下降的总体原因；（2）具体地说，分析师预测分歧度在信息质量和透明度高（盈余透明度高、盈余管理水平低、注册地市场化程度高的公司及非国企）的公司的结果与在信息质量和透明度低的公司的结果差异较大，究其原因，可能是在这两类公司中信息质量和透明度的提高幅度存在较大差异，在"低起点，高要求"的自身信息环境和关键审计事项披露环境的双重作用下，导致分析师预测分歧度在信息质量和透明度较低的公司中下降更为明显。

本章表明关键审计事项披露有助于分析师预测分歧度的提高，为当前学术上针对关键审计事项披露对分析师预测分歧度的影响研究提供了新的经验证据，并希望有助于推动审计实务的发展和完善。本章从公司个性化信息是否能够提高分析师预测分歧度的角度对关键审计事项披露效果给予了肯定。本节的结论对关键审计事项准则制定者、分析师和公司信息披露监管者来说，都具有一定的启示作用。（1）一是关键审计事项文本可读性相对较低，需要要求审计师提高其可读性，便于审计报告使用者解读和运用；二是在关键审计事项类型披露方面，应加强对审计师的引导，鼓励审计师适当增加关键审计事项的披露数量，虽然关键审计事项平均文本篇幅越大，分析师的预测分歧度越低，但是考虑到与第三章分析师跟踪结论的矛盾之处，还是应把平均文本篇幅控制在适当水平；以及把诸如收入确认事项、资产减值事项（尤其是应收账款减值事项）、股权投资事项与公允价值事项等敏感性项目在相关准则及配套指南中予以固定，强制进行披露。（2）对分析师及其行业来说，一是提高自身的业务能力，通过多种渠道搜集市场、行业和公司信息，客观上降低分析师预测分歧度；引导分析师平衡自身职业声誉、收入和适当向信息环境较差的公司进行倾斜跟踪之间的关系，降低分析师的整体预测分歧度，以提高资本市场整体的信息效率；二是加强分析师行业监管，提升分析师对公司的"治理"角色作用，促进资本市场良性发展。（3）对公司信息披露监管者来说，加大如关键审计事项式的私有信息披露改革，通过审计师披露更多涉及职业判断的事项，进而客观降低分析师预测分歧度的方式，实现信息增量和信息效率的提高，为以后的信息披露变革指明了一个方向。

第六章

研究结论、启示与展望

本书主要对我国关键审计事项披露对分析师跟踪、分析师预测准确性以及分析师预测分歧度的影响进行了理论推理和实证检验分析。根据实证证据和影响机制提出了相应的政策建议。在本部分将对全书主要研究内容进行总结，包括本书的研究结论及启示、未来研究的展望两部分。

一、本书的主要结论及启示

本书主要研究了关键审计事项披露对分析师跟踪、分析师预测准确性以及分析师预测分歧度的影响。首先，研究了关键审计事项披露与关键审计事项披露数目、文本可读性，事项类型等对分析师跟踪的影响，并分析关键审计事项披露对分析师跟踪影响的治理机制。其次，研究了关键审计事项披露与关键审计事项文本可读性、事项类型等对分析师预测准确性的影响，并分析关键审计事项披露对分析师预测分歧度影响的治理机制。最后，研究了关键审计事项披露与关键审计事项披露数目、文本篇幅、事项类型对分析师预测分歧度的影响，并分析关键审计事项披露对分析师分歧度影响的治理机制。本书的主要研究结论有：

第一，关键审计事项披露使得分析师跟踪显著增加。在进一步分析中，发现上述关系在聘请"非四大"会计师事务所、盈余透明度更低、注册地市场化程度低的公司以及国有企业中更为明显；另外还发现，关键审计事项数目披露越多的公司，分析师跟踪人数越多；关键审计事项文本可读性越高的公司，分析师跟踪的人数越多；而且由于分析师对审计师确认的股权投资事项和公允价值事项的风险感知，一定程度上减少了对公司的跟踪。但是即使如此，这些结果也最终表明关键审计事项准则实施对资本市场信息差距的弥补作用要大于其风险提示作用，即关键审计事项准则实施对分析师跟踪的影响过程中，对信息差距的弥补效应与风险提示效应并存。

第二，关键审计事项披露使分析师预测准确性显著提升。在进一步分析中，发现上述关系在盈余管理水平高和盈余透明度低的公司更加明显。另外还发现，关键审计事项文本可读性越高的公司，分析师的预测准确性越高；关键审计事项段中披露越多收入确认事项和资产减值事项的公司，分析师的预测准确性越高；具体地，资产减值事项中披露越多应收账款减值事项的公司，分析师的预测准确性越高。

第三，关键审计事项披露使分析师预测分歧度显著降低，并且这种关系在盈余透明度低、注册地市场化程度低、盈余管理水平高的公司和国有企业中更加明显。另外还发现，披露关键审计事项数目越多，分析师的预测分歧度越低；关键审计事项文本篇幅越大，分析师的预测分歧度越低；关键审计事项文本可读性越高，分析师的预测分歧度越低；关键审计事项中披露资产减值事项越多，分析师的预测分歧度越低；具体地，资产减值事项中披露越多商誉减值事项的公司，分析师预测分歧度越低。

本书的结论对关键审计事项准则制定者、分析师和公司信息披露监管者来说，都具有一定的启示作用。（1）一是关键审计事项的文本可读性方面仍亟待提高，准则制定者可以要求审计师提高关键审计事项文本可读性，便于审计报告使用者解读和运用，节省他们的解读时间和成本；二是在关键审计事项类型披露方面，应加强对审计师的引导，鼓励审计师适当增加关键审计事项的披露数量，应把平均文本篇幅控制在适当水平，不宜过少亦不宜过多；使其切实落实好对公司重大特别风险、重大不确定性及重大交易或事项领域的识别和披露，特别要针对收入确认事项、资产减值事项（尤其是应收账款减值事项）、股权投资事项与公允价值事项等敏感性较高的项目，应作为关键审计事项的固定披露项目，进行强制披露。（2）对分析师及其行业来说，一是提高自身的业务能力，通过多种渠道搜集市场、行业和公司信息，提升其预测准确性；二是要行业应继续加强自我监管，维护行业声誉，持续发挥对公司的"治理"角色作用，提升自身的价值，进一步促进资本市场的信息效率；三是引导分析师平衡自身职业声誉、收入和适当向信息环境较差的公司进行倾斜跟踪之间的关系。（3）对公司信息披露监管者来说，应利用在实务中发现的问题以及最新理论研究成果进一步修订关键审计事项准则和相关准则及其配套指南，继续引导实务工作者的关键审计事项披露，适当在相关准则中加入更多以规则为导向的内容，限制审计师的机会主义，并加强对分析师行业的监管；加大如关键审计事项式的私有信息披露改革，通过审计师披露更多涉及职业判断的事项，进而客观降低分析师预测分歧度的方式，实现信息增量和信息效率的提高，为以后的信息披露变革指明了一个方向；另外，资本市场的信息效率提升实际上是一个系统工程，关键审计事项准则只是这个系统工程的一部分，除此之外，其他配套信息披露还应继续加强监管，保证公司信息披露质量，来配合关键审计事项准则的实施。

二、本书的研究局限及展望

本书主要对关键审计事项披露与分析师跟踪、分析师预测准确性以及分析师预测分歧度的关系进行了理论分析和实证验证。尝试丰富关键审计事项披露的经济后果以及分析师行为影响因素的研究成果。并试图理清关键审计事项披露影响分析师行为的治理机制，以及会对二者关系产生影响的因素进行较为完善的推理和分析。但由于本人的研究能力有待进一步提高且研究时间的限制，本书还有以下不足之处：

（1）关键审计事项准则实施时间不长，政策效应可能还未得以充分显现，导致本书尚未充分捕捉到相应的变化，从而无法精确评估该准则实施的动态效果，相信随着时间的推移，其动态效果会更加明显；（2）审计报告中的关键审计事项段除了关键审计事项披露外，还包含审计应对段，鉴于篇幅的限制，本书没有从这个角度研究关键审计事项准则实施对分析师行为的影响；（3）对关键审计事项文本特征分析广度和深度的挖掘和刻画还有待于进一步完善，这为未来的拓展研究指明了一个方向。本书研究的不足之处和局限性，是本人继续进行深入研究的方向和突破点，本人将会对关键审计事项披露的经济后果以及关键审计事项的持续改进进行更加深入的研究。